Verlag von U. E. Sebald, Nürnberg und Leipzig.

Der Gemeindewaisenrat in Bayern

mit den wichtigsten diesbezüglichen Gesetzesbestimmungen und Ministerialbekanntmachungen, insonderheit auch dem

Zwangserziehungsgesetz

und dem

:: **Kinderschutzgesetz** ::

samt den hierzu ergangenen Ausführungs-
:: vorschriften ::

Ein Leitfaden für die bayerischen Waisenräte

Von

Dr. Wilhelm Dennler

K. Notar in Lauf a. P.

Preis Mk. 1.60.

Das Dorftestament

Mit einem erbrechtlichen Abriss sowie mit Beispielen (Entwürfen) der hauptsächlich vorkommenden diesbezüglichen :: Testamentserrichtungen ::

Dargestellt

von

Dr. Wilhelm Dennler

K. Notar in Lauf a. P.

Nürnberg und Leipzig

Verlag von U. E. Sebald.

Vorwort.

Das am 1. Januar 1900 in Kraft getretene Bürgerliche Gesetzbuch hat den Gemeindevorstehern (Bürgermeistern) und Gutsvorstehern unter gewissen Umständen die Tätigkeit eines Notars bei Aufnahme von Testamenten übertragen.

Die Fälle, daß von den Bürgermeistern und Gutsvorstehern bei Aufnahme solcher Testamente die bestehenden Vorschriften verletzt werden und dadurch Nichtigkeit dieser Testamente herbeigeführt wird, sind nicht allzuselten. Für den durch fehlerhafte Testamentserrichtung entstehenden Schaden sind aber der Bürgermeister und Gutsvorsteher im vollen Umfange haftbar und zum Schadensersatze verpflichtet.

Es dürfte deshalb Veranlassung gegeben sein, die bezüglichen in Betracht kommenden Bestimmungen des näheren in gemeinverständlicher Weise darzustellen.

Von diesem Gesichtspunkte aus war der Verfasser bestrebt, sich von allen Weitläufigkeiten fern zu halten und den Stoff in einer möglichst knappen, jedoch erschöpfenden und genauen Weise zu behandeln.

Inhaltsverzeichnis.

A. Das Dorftestament.

Seite

B. Erbrechtlicher Abriss.

C. Beispiele.

D. Anhang.

A.

Das Dorftestament.

1. Kapitel.

Begriff und Voraussetzungen des Dorftestaments.

Unter einem „Dorftestament" versteht man das vor dem Vorsteher einer Gemeinde oder eines einem durch Landesgesetz einer Gemeinde gleichgestellten Verbandes oder eines solchen Gutsbezirks errichtete Testament. Die letztgenannten Verbände oder Gutsbezirke kommen aber für Bayern nicht in Betracht.

Der Ausdruck „Dorftestament" ist nicht ganz genau, da nicht bloß vor dem Vorsteher einer Landgemeinde, sondern auch vor dem einer Stadtgemeinde ein solches Testament errichtet werden kann; er wird aber um deswillen gebraucht, weil die Errichtung eines Testaments vor dem Vorsteher einer Stadtgemeinde mit Rücksicht auf die leichtere Erreichbarkeit eines Notars in der Stadt nur selten wohl stattfindet.

Die Errichtung eines Dorftestaments ist nicht allgemein, sondern nur in zwei Fällen zulässig, nämlich:

a) bei **Lebensgefahr des Erblassers** und

b) bei **Absperrung desselben.**

Der erstere Fall ist dann gegeben:

wenn zu besorgen ist, daß der Erblasser früher sterben werde, als die Errichtung eines Testaments vor einem Notar oder, in Preußen und Sachsen, auch vor einem Richter möglich ist;

Der letztere dann:

wenn der Erblasser sich an einem Ort aufhält, der infolge des Ausbruchs einer Krankheit oder infolge sonstiger außerordentlicher Umstände z. B. Überschwemmung, Verschneiung, Erdbeben, derart abgesperrt ist, daß die Errichtung eines Testaments vor einem Notar oder, in Preußen und Sachsen, auch vor einem Richter nicht möglich oder erheblich erschwert ist.

Der erstere Fall ist der häufigere und er begreift den Fall des Dorftestaments im engeren Sinne, während man im zweiten Falle gemeiniglich vom „Seuchentestament" spricht;

ersterer liegt, wie gesagt dann vor, wenn jemand sich in naher Todesgefahr befindet und zu befürchten ist, daß der Erblasser nicht mehr am Leben ist, bis der Notar eintrifft. Es genügt also nicht, daß zu der Zeit, wo der Erblasser sein Testament errichten will, gerade kein Notar anwesend oder dieser verhindert ist, sondern es muß „Gefahr im Verzuge" sein, d. h. es muß die Besorgnis bestehen, daß der Erblasser früher sterben werde als die Errichtung eines Testaments in der ordentlichen öffentlichen Form möglich ist;

es muß sich demnach auch um eine wirkliche Lebensgefahr handeln, eine bloß drohende Geschäftsunfähigkeit, wie z. B. bei Ohnmachts-, Fieberanfällen ist nicht ausreichend.

Nur unter der Voraussetzung einer solchen Todesgefahr und Unmöglichkeit des rechtzeitigen Eintreffens des

Notars bezw. Richters darf der Bürgermeister amtieren, was wohl zu beachten ist, da es nur zu häufig vorkommt, daß auch sonst der Kostenersparnis halber der Bürgermeister um Beurkundung des Testaments angegangen wird.

Ob nun im einzelnen Falle eine solche Gefahr vorhanden ist, hat der Bürgermeister selbst nach pflichtgemäßen Ermessen zu entscheiden; er darf also die Beurkundung nur dann vornehmen, wenn er von dieser Gefahr überzeugt ist; seine Überzeugung ist allein maßgebend.

Der Umstand, daß vielleicht *tatsächlich* diese Besorgnis nicht begründet war, d. h. daß eine solche Todesgefahr in Wahrheit nicht vorlag, schadet aber nichts; auch wenn also der Bürgermeister sich über die Schwere der Krankheit und über die Lebensgefahr täuschte, behält das Testament seine Gültigkeit, und es kann nicht durch den Nachweis, daß bei seiner Errichtung ein Notstand eigentlich gar nicht gegeben war, entkräftet werden.

Zu bemerken ist aber, daß, wenn *Eheleute* gemeinschaftlich ein Testament errichten wollen, das Vorhandensein einer Lebensgefahr bei *einem* der Ehegatten für die Zulässigkeit des Dorftestaments genügt.

Während der erstere Fall des Dorftestaments sich auf einen Notstand *persönlicher* Natur bezieht, betrifft der zweite Fall des Dorftestaments einen Notstand *örtlicher* Natur. Ein solcher örtlicher Notstand stellt sich äußerlich als *Absperrung* dar; es ist aber nicht notwendig, daß die Absperrung auf einer obrigkeitlichen Anordnung beruht, die Absperrung kann auch die Folge von Naturereignissen (z. B. Überschwemmungen, Verschneiungen), oder von Aufruhr, von kriegerischen Erhebungen, sein.

Bezüglich der Absperrung infolge einer Krankheit, so ist es nicht notwendig, daß eine solche Krankheit wirklich

„herrscht“, sondern es genügt schon der bloße „Ausbruch“ der Krankheit, und zwar um deswillen, weil erfahrungsgemäß nicht selten auch dann der Kranke sofort isoliert wird, wenn der erste Fall einer ansteckenden Krankheit sich zeigt.

Notwendig ist auch nicht, daß der Erblasser in dem abgesperrten Orte wohnt; auch wenn er nur vorübergehend sich dort aufhält, kann er in der außerordentlichen Form testieren, da ja, wie die Motive zum Bürgerlichen Gesetzbuche sagen, ein solcher Notstand auch in Ansehung eines auf der Reise befindlichen sich ergeben kann.

Voraussetzung der Gültigkeit des Testaments im letzteren Falle ist aber immer, daß der Notstand der Absperrung tatsächlich gegeben war.

Die **Form** der Testamentserrichtung ist im allgemeinen die gleiche wie die des ordentlichen Testaments, nur daß an die Stelle des Notars (Richters) der Bürgermeister tritt; es muß dieser deshalb auch, wie der Notar (Richter) zur Testamentserrichtung zwei Zeugen beiziehen, und kann vor ihm die Errichtung ebenso wie vor dem Notar (Richter) mündlich oder schriftlich erfolgen.

Letztwillige Verfügungen vor dem Bürgermeister können aber nur durch Testament, nicht auch durch Erbvertrag getroffen werden.

2. Kapitel.

Die Urkundspersonen.

Die „Urkundspersonen“ oder „mitwirkenden Personen“ beim Dorftestament sind:

a) Der Bürgermeister, in Preußen auch der Vorsteher eines obgenannten Verbandes oder selbständigen Gutsbezirks *).

*) Der Kürze halber wird im folgenden immer nur vom

b) Die zwei Zeugen.

c) Die etwa zugezogene Vertrauensperson.

d) Der etwa zugezogene Dolmetscher.

Bezüglich dieser Personen ist im Einzelnen folgendes zu bemerken.

1) Der Bürgermeister.

Zuständig ist der Bürgermeister derjenigen Gemeinde, in deren Bezirk der Erblasser sich bei der Testamentserrichtung aufhält; es genügt also, daß der Erblasser in der betreffenden Gemeinde nur vorübergehend weilt, z. B. wenn er auf einer Reise erkrankt, und es ist nicht notwendig, daß er in der Gemeinde wohnt oder heimatsberechtigt ist; gleichgültig ist es auch, aus welchem Grunde er sich in der Gemeinde befindet.

Zuständig ist aber auch nur dieser Bürgermeister; die Testamentserrichtung vor dem Bürgermeister einer Nachbargemeinde würde nichtig sein.

Zuständig ist nur der Bürgermeister; vor dem Ortsführer oder dem Gemeindeschreiber z. B. kann nicht testiert werden; bezüglich des Ortsführers, so ist dieser ja nur ein Gehilfe des Bürgermeisters in der Polizeiverwaltung in den vom Wohnsitze des Bürgermeisters entfernten, der Gemeinde zugehörigen Ortschaften; irgendwelche selbständige Vertretungsmacht für die Ortschaft, in welcher er aufgestellt ist, kommt ihm nicht zu.

Bei **Behinderung** des Bürgermeisters hat sein **ordentlicher Stellvertreter** für ihn zu funktionieren.

Diese Stellvertreter des Bürgermeisters sind:

Bürgermeister als beurkundenden Beamten gesprochen, da, was von diesem gilt, im allgemeinen auch für die Vorsteher der vorerwähnten Verbände und Gutsbezirke zutrifft.

a) In Stadtgemeinden rechts des Rheins die etwa vorhandenen übrigen Bürgermeister nach ihrem Rang; in deren Ermanglung oder Verhinderung die rechtskundigen Magistratsräte nach dem Dienstalter; in deren Ermanglung oder Verhinderung die bürgerlichen Magistratsräte nach dem Dienstalter und bei gleichem Dienstalter nach der Reihenfolge ihrer Wahl.

b) In Landgemeinden rechts des Rheins der Beigeordnete und bei dessen Verhinderung der nach dem Dienstalter und bei gleichem Dienstalter der nach der Reihenfolge der Wahl nächste Gemeindebevollmächtigte.

c) In den pfälzischen Gemeinden der Adjunkt, und zwar, wo deren zwei sind, zunächst der erste, und bei Verhinderung des Adjunkten ein vom Gemeinderat bezeichnetes Mitglied desselben.

Nur die voraufgeführten Personen können den Bürgermeister vertreten, nicht auch andere Personen, insbesondere also auch nicht der Gemeindeschreiber oder der Ortsführer.

Die Behinderung des Bürgermeisters kann eine tatsächliche oder rechtliche sein.

Tatsächlich ist die Behinderung, wenn der Bürgermeister z. B. erkrankt, beurlaubt, abwesend oder durch andere Amtsgeschäfte in Anspruch genommen ist.

Rechtlich ist der Bürgermeister in folgenden Fällen behindert:

1. Wenn seine Ehefrau das Testament errichtet; gleichgültig ist hierbei, ob die Ehe noch besteht oder nicht; der Bürgermeister ist also auch dann ausgeschlossen, wenn er von seiner Frau getrennt lebt, oder wenn seine Ehe geschieden oder für nichtig erklärt ist.

Zu bemerken ist jedoch, daß Verlöbnis der Ehe nicht gleichsteht; der Bürgermeister kann also bei der Testamentserrichtung seitens seiner Braut amtieren.

2. Wenn ein **naher Verwandter** oder **Verschwägerter** des Bürgermeisters sein Testament errichten will.

Als solch „naher Verwandter oder Verschwägerter“ gilt, wer mit dem Bürgermeister in gerader Linie oder im zweiten Grad der Seitenlinie verwandt oder verschwägert ist.

Verwandte sind die Personen, die durch Blutsgemeinschaft mit einander verbunden sind;

in **gerader** Linie sind sie dann verwandt, wenn eine von der anderen abstammt, also z. B. Eltern und Kinder, Großeltern und Enkel, Urgroßeltern und Urenkel;

in der **Seitenlinie** sind sie dann verwandt, wenn sie von einer gemeinschaftlichen dritten Person abstammen, also z. B. Geschwister.

Der **Grad** der Verwandtschaft bestimmt sich nach der Zahl der sie vermittelnden Geburten; es sind demnach Geschwister im zweiten Grad der Seitenlinie verwandt, Onkel und Neffe im dritten und Vettern im vierten Grad.

Folglich kann der Bürgermeister z. B. zwar nicht bei der Testamentserrichtung seitens seines Bruders, wohl aber bei der seitens seines Neffen, seines Onkels, seiner Tante, seines Vetters amtieren.

Zu den „Kindern“ in obigem Sinne gehören auch die **an Kindes Statt Angenommenen,** weil durch die Annahme an Kindes Statt für die Angenommenen die rechtliche Stellung eines ehelichen Kindes begründet wird;

jedoch gelten als solche nicht die **unehelichen Kinder** im Verhältnis zum Vater, gleichgültig, ob er seine Vaterschaft anerkannt oder nicht, und ob er unterhaltspflichtig ist oder nicht;

auch nicht die „**Pflegekinder**“, weil ja zwischen diesen und ihren Pflegeeltern gar keine Blutsgemeinschaft besteht.

Verschieden von den Verwandten sind die Verschwägerten.

Verschwägerte sind die Verwandten des einen Ehegatten und der andere Ehegatte; die Verwandten des einen Ehegatten sind **jedoch** mit den Verwandten des anderen Ehegatten nicht verschwägert.

Auch bei den Verschwägerten werden solche der geraden Linie und solche der Seitenlinie unterschieden.

Verschwägert in gerader Linie sind der eine Ehegatte mit den Abkömmlingen des anderen d. h. mit den von diesem in gerader Linie Abstammenden (z. B. Kindern, Enkeln, Urenkeln), sog. Stiefverwandte und die Eltern mit den Ehegatten ihrer Abkömmlinge.

Unter die Kategorie der Verschwägerten in gerader Linie fallen demnach Schwiegereltern und Schwiegerkinder, die Frau des Enkels, der Mann der Enkelin, Stiefsohn, Stieftochter, Stiefvater, Stiefmutter;

hierher gehört also auch das **uneheliche Kind** im Verhältnis zum Mann seiner Mutter.

Verschwägerte in der Seitenlinie sind der eine Ehegatte und die Geschwister des anderen, sowie die Abkömmlinge seiner Geschwister.

Die Linie und der Grad der Schwägerschaft bestimmen sich nach der Linie und dem Grad der sie vermittelnden Verwandtschaft.

Folglich sind die Geschwister des einen Ehegatten mit dem anderen im zweiten Grad der Seitenlinie, und Geschwisterkinder des einen Ehegatten mit dem anderen im dritten Grad der Seitenlinie verschwägert.

Der Bürgermeister darf demnach, wenn sein Schwager oder seine Schwägerin das Testament macht, nicht mitwirken, wohl aber wenn deren Kinder testieren wollen. Zu bemerken ist, daß die **Geschwister** von Schwager und Schwägerin zwar im gewöhnlichen Leben als Verschwägerte bezeichnet werden, daß sie aber solche im Rechtssinne nicht sind.

Der Mitwirkung des Bürgermeisters bei deren Testament steht also nichts entgegen; ebenso wenig steht etwas der Mitwirkung des Bürgermeisters bei dem Testamente des Ehegatten der Schwester seiner Frau entgegen, weil die Ehegatten zweier Geschwister überhaupt nicht verwandt oder verschwägert sind.

Daß der Bürgermeister nicht selbst bei der Errichtung seines eigenen Testaments als Urkundsperson mitwirken kann, bedarf als selbstverständlich wohl keiner besonderen Hervorhebung.

Zu beachten ist, daß die Schwägerschaft im obigen Sinne fortdauert, auch wenn die Ehe, durch die sie begründet wurde, nicht mehr, sei es durch Tod oder Scheidung, besteht.

Das eheliche Verhältnis und das nahe Verwandtschafts- und Schwägerschaftsverhältnis des Bürgermeisters unter Ziffer 1 und 2 bilden einen unbedingten Ausschließungsgrund; seine Nichtbeachtung würde also **Nichtigkeit** des **ganzen** Testaments zur Folge haben.

3. Wenn er selbst oder seine Frau oder ein naher Verwandter oder Verschwägerter in dem Sinne der Ziffer 1 und 2 im Testament bedacht wird.

Ein „Bedachtwerden" liegt dann vor, wenn dem Bürgermeister oder einer der vorgenannten Personen durch eine Zuwendung ein selbständiger Anspruch auf einen Vermögensvorteil erwächst, also insbesondere wenn dieselben als Erben, Nacherben oder Vermächtnisnehmer eingesetzt sind.

Zweck dieser Vorschrift ist Gewährleistung der vollen Lauterkeit des Testierakts, da die volle Unbefangenheit der

Mitwirkenden nicht vorliegen würde, wenn für sie irgend ein Vermögensinteresse bei der Testamentserrichtung mitspielen würde, weshalb auch sonst der beurkundende Beamte seine Mitwirkung bei Verfügungen versagen soll, die ihn in den Verdacht einer Begünstigung der Erbschleicherei bringen können.

Folge einer Verletzung dieser Vorschrift ist aber nicht die Nichtigkeit des ganzen Testaments, sondern nur die der **betreffenden Zuwendung.**

Unter Umständen können jedoch hierdurch auch die anderen Verfügungen des Testaments unwirksam werden, nämlich dann, wenn anzunehmen ist, daß der Erblasser diese ohne die unwirksame Verfügung nicht getroffen haben würde.

Zu bemerken ist, daß die Ernennung des Bürgermeisters zum **Testamentsvollstrecker** nicht als eine „Zuwendung" gilt, und zwar auch dann nicht, wenn für die Testamentsvollstreckung im Testament ein Honorar ausgesetzt ist;

die Bestimmung des Honorars im letzteren Fall würde zwar als nicht geschrieben gelten, die Ernennung zum Testamentsvollstrecker aber bliebe bestehen, und der Ernannte könnte nur eine angemessene Vergütung erhalten, die aber über das Maß des im Testamente festgesetzten Honorars nicht hinausgehen dürfte.

Als eine „Zuwendung" gilt weiter auch nicht die Benennung als **Vormund, Pfleger oder Beistand;** dem Bürgermeister können also solche Ämter in dem von ihm selbst beurkundeten Testament übertragen werden.

Das Verbot der Mitwirkung eines Bedachten gilt sowohl für den Fall der Testamentserrichtung durch mündliche Erklärung wie auch für den der Testamentserrichtung durch Übergabe einer verschlossenen Schrift (siehe hierüber des Näheren unten). Es wird deshalb letzterenfalls der Bürgermeister den Erblasser, der seine Zeugen selbst mitbringt, auf dieses Verbot aufmerksam zu machen haben, da sonst möglicherweise eine Person mitwirkt, die in dem verschlossenen Testamente bedacht ist; die Zuwendung ist nämlich nichtig, auch wenn die mitwirkende Person nichts von der Zuwendung weiß, es sei denn, daß die übergebene Schrift von dem Erblasser selbst eigenhändig unter Angabe des Ortes und Tages der Errichtung geschrieben und unterschrieben ist, da im letzteren Falle die Schrift auch als eigenhändiges Testament gelten würde.

Bemerkt möge für Grenzgebiete noch werden, daß der Bürgermeister immer der deutschen Sprache mächtig sein muß;

ein des deutschen nicht mächtiger Gemeindevorsteher wäre überhaupt nicht zur Aufnahme des Testaments berechtigt und wäre das von ihm aufgenommene Testament nichtig.

2) Die Zeugen.

Auch für die als Zeugen fungierenden Personen gelten bezüglich ihrer Fähigkeit hierzu gewisse Voraussetzungen, die sich schon aus dem Zwecke der Anwesenheit von Zeugen ergeben.

Dieser Zweck ist, die Richtigkeit und Rechtsförmlichkeit des Testierakts zu gewährleisten, um bei etwaigen späteren Streitigkeiten über den Hergang bei der Testamentserrichtung Auskunft zu geben; die Zeugen sind also sog. Kontrollzeugen; daraus folgt von selbst, daß sie allgemein geschäftsfähig sein müssen; sie müssen also im Vollbesitz ihrer geistigen Kräfte sein. Betrunkene z. B. würden deshalb unfähig dazu sein;

darum dürfen sie aber auch nicht **blind** sein, denn der Zeuge muß sehen können, wie das Protokoll von dem Erblasser und den übrigen mitwirkenden Personen unterschrieben wird;

sie dürfen ferner nicht **taub** sein, denn der Zeuge muß hören können, was verhandelt wird, und insbesondere, daß das Protokoll vorgelesen und genehmigt wird;

sie müssen ferner der **deutschen Sprache** mächtig sein, da das Testamentsprotokoll in deutscher Sprache aufgenommen werden muß;

dann müssen sie auch wenigstens ihren **Namen schreiben** können, da von ihnen auch das Protokoll zu unterschreiben ist;

dagegen brauchen sie lesenskundig nicht zu sein;

ebenso können sie auch stumm sein, vorausgesetzt, daß sie ihre Wahrnehmungen nur wieder auf irgend eine verlässige Art mitteilen können.

Bezüglich dieser allgemeinen Erfordernisse, so bewirkt nur die Verletzung der Vorschrift wegen Schreibensfähigkeit des Zeugen Nichtigkeit des Testaments; ein Verstoß im übrigen würde zwar das Testament in seiner Gültigkeit nicht berühren, der Bürgermeister würde aber sich dadurch dienstlich vergehen.

Ausgeschlossen sind ferner von der Mitwirkung als Zeugen.

1. Der **Ehegatte** des **Erblassers** oder des Bürgermeisters,

und zwar auch dann, wenn die Ehe nicht mehr besteht;

2. ein **naher Verwandter** oder **Verschwägerter** des Erblassers oder des Notars in dem oben erörterten Sinn;

3. wer in dem Testamente **bedacht** ist oder wer mit dem Bedachten verheiratet ist oder war, oder mit diesem nah ver-

wandt oder verschwägert ist; über den Begriff des „Bedachtseins“ siehe oben;

4. ein **Minderjähriger;** also wer das 21. Lebensjahr noch nicht vollendet hat.

Dagegen steht der Mitwirkung eines für volljährig Erklärten nichts entgegen;

5. wer der **bürgerlichen Ehrenrechte** für **verlustig** erklärt ist, während der Zeit für welche die Aberkennung der Ehrenrechte erfolgt ist;

6. wer nach den Vorschriften der Strafgesetze unfähig ist, als Zeuge eidlich vernommen zu werden d. i. ein wegen **Meineids** Verurteilter, gegen den im Urteil auf die dauernde Unfähigkeit als Zeuge oder Sachverständiger eidlich vernommen zu werden erkannt ist;

7. wer als **Gesinde** oder **Gehilfe** im Dienst des Bürgermeisters steht.

Der Grund hierfür ist, daß Personen, die in einem gewissen Abhängigkeitsverhältnis zum beurkundenden Beamten stehen, keine Gewähr für eine richtige Kontrolle des Testierakts bieten können.

Unter „Gesinde“ versteht man diejenigen Personen, welche unter Eintritt in die Hausgenossenschaft häusliche oder auch landwirtschaftliche Dienste leisten.

Die Tatsache der Hausgenossenschaft ist also maßgebend für den Begriff des Gesindes; wer sonst im Dienste des Bürgermeistes steht, ist sein „Gehilfe“, nur muß das Dienstverhältnis ein dauerndes sein.

Dagegen sind keine Gehilfen des Bürgermeisters und deshalb auch nicht unfähig als Zeugen zu fungieren diejenigen Personen, welche im Dienste der Gemeinde stehen, wie z. B. der Gemeindediener, der Flurwächter, der Gemeindeschreiber, der Fleischbeschauer 2c. Ebenso können auch als

Zeugen anstandslos die Dienstboten oder Gehilfen des Erblassers selbst oder eines Bedachten mitwirken.

Die Zuziehung der vorstehenden ausgeschlossenen Personen äußert sich in ihren Wirkungen verschieden:

a) Die Mitwirkung der unter Ziffer 1 und 2 bezeichneten Personen hat die Nichtigkeit des ganzen Testaments zur Folge;

b) bei Mitwirkung der unter Ziffer 3 bezeichneten Personen so ist die betreffende Zuwendung nichtig, die anderen Verfügungen des Erblassers bleiben bestehen;

c) bei Mitwirkung der übrigen unter Ziffer 4—7 aufgeführten Personen bleibt das ganze Testament rechtsbeständig; der Bürgermeister macht sich aber dienstrechtlich verantwortlich.

Nichtigkeit des Testaments tritt außer dem vorerwähnten Falle auch dann ein, wenn der Zeuge nicht unterschreiben kann oder die Bedeutung und das Wesen des Testierakts nicht zu begreifen vermag.

Soweit Personen nicht oben als zu Zeugen ungeeignet bezeichnet sind, steht ihrer Mitwirkung nichts entgegen;

es sind demnach insbesondere als Zeugen auch verwendbar Frauen, Geistliche, die bei dem Erblasser seelsorgerisch tätig sind, Ärzte, die den Erblasser behandeln;

ebenso macht es nichts aus, ob der Zeuge ein Deutscher oder ein Ausländer ist, welchem Religionsbekenntnis er angehört, ob er dem Erblasser oder dem Notar persönlich bekannt ist oder nicht, ob er am Orte der Testamentserrichtung wohnt oder nicht.

Die Sorge für die **Beschaffung der Zeugen** liegt zunächst den Beteiligten ob;

der Bürgermeister wird ihnen dabei aber an die Hand gehen und eventuell selbst die Zeugen beibringen.

Da der Bürgermeister für den richtigen Hergang der Testamentserrichtung verantwortlich ist, so muß er natürlich darauf achten, daß keine ungeeignete Person als Zeuge mitwirkt; er wird deshalb gut tun, in der Regel nur solche Personen als Zeugen beizuziehen, die ihm bekannt oder von vertrauenswürdiger Seite vorgestellt sind.

Ob die Zeugen alle erforderlichen Eigenschaften haben, ist vom Bürgermeister natürlich nur, soweit es ihm nicht schon bekannt ist, durch Fragen zu erheben; doch soll wegen des Besitzes der bürgerlichen Ehrenrechte und der Eidesfähigkeit nicht besonders gefragt werden; der Bürgermeister soll eben wo möglich nur solche Zeugen beiziehen, von denen er im vornherein weiß, daß ihnen diese Eigenschaften nicht mangeln.

Eine Verpflichtung zur Mitwirkung als Zeuge besteht nicht; der Bürgermeister kann also niemanden dazu zwingen.

Eine Gebühr für die Mitwirkung erhalten die Zeugen vom Bürgermeister eigentlich nicht, doch können sie wohl eine gewisse Vergütung ihrer Mühewaltung von den Beteiligten selbst begehren.

Die Höhe dieser Vergütung dürfte 50 Pfennig für jede angefangene Stunde betragen.

Bezüglich der **Vertrauensperson** und des **Dolmetschers** siehe des Näheren die Abschnitte über die Testamentserrichtung unter Zuziehung der genannten Personen.

3. Kapitel.

Die Testamentserrichtung.

Die Errichtung des Testaments selbst erfolgt in zweierlei Form, entweder

a) mündlich, oder

b) schriftlich.

Die **mündliche Errichtung** geschieht in der Weise, daß der Erblasser dem Bürgermeister seinen letzten Willen **mündlich** erklärt;

die **schriftliche Errichtung** derart, daß der Erblasser dem Bürgermeister eine Schrift übergibt, **mit der mündlichen** Erklärung, daß die Schrift seinen letzten Willen enthalte.

A. Die mündliche Errichtung.

Hierbei ist zu bemerken:

die Erklärung des letzten Willens muß

1. an den Bürgermeister gerichtet sein,
2. in deutscher Sprache geschehen, und
3. durch gesprochene Worte erfolgen;

es ist aber nicht notwendig, daß der Erblasser seinen ganzen letzten Willen mündlich ausspricht, daß er alle Anordnungen selbst mündlich erörtert, sondern es genügt, wenn er die vom Bürgermeister ihm vorgelegten Fragen mündlich bejaht; also der Erblasser braucht z. B. nicht zu sagen: „ich ernenne meine Ehefrau Elisabeth zu meiner Erbin“, sondern er darf auch auf die Frage des Bürgermeisters, ob er seine Ehefrau zur Erbin einsetzen will, mit „Ja“ antworten.

Mindestens muß aber die Beantwortung der Fragen immer eine mündliche sein, eine Beantwortung bloß durch Zeichen, wie Kopfnicken, Geberden ist unzulässig; es wäre deshalb z. B. auch falsch, wenn lediglich die Urkunde vorgelesen und der Erblasser auf die Frage des Bürgermeisters „ob es recht sei" durch Kopfnicken sein Einverständnis erklärte.

Besondere Aufgabe und Pflicht des Bürgermeisters ist es deshalb hierbei, den Willen des Erblassers klar und genau zu erforschen, er hat darauf durch verschiedene eindringliche Fragestellung hinzuwirken.

Der Bürgermeister hat dabei besonders darauf zu merken, daß die Willenserklärung des Erblassers eine vollkommen freie und unbeeinflußte ist, und er hat demgemäß Alles hintan zu halten, was irgend wie auf die Entschließungen des Erblassers unzulässig einwirken könnte, so daß er auch unter Umständen anwesende nicht mitwirkende Personen, von denen zu befürchten ist, daß der Erblasser unter ihrem Einfluß steht, entfernen soll; es ist zu empfehlen, daß der Bürgermeister immer zuerst mit dem Erblasser allein das Testament bespricht; denn es ist nur zu oft der Fall, daß der Erblasser, wenn seine Angehörigen um sein Bett herum stehen, Verfügungen trifft, die nicht ganz seiner freien Willensentschließung entspringen.

Bei der Erforschung des letzten Willens des Erblassers ist vom Bürgermeister insbesondere auch darauf Bedacht zu nehmen, daß die letztwilligen Anordnungen nur in dem vom Erblasser selbst gewollten Sinn festgestellt werden, weshalb er alle Erläuterungen und Erklärungen dritter Personen, wie sie oft vorkommen, unbeachtet zu lassen hat; der Bürgermeister hat nur auf das zu merken, was ihm der Erblasser selbst angibt; was von dritten vorgebracht wird, als sei es der Wille des Erblassers, den er nur nicht mehr recht zu sagen vermöge, hat er unbedingt zu ignorieren.

B. Die schriftliche Errichtung.

Diese erfolgt:

1. durch Übergabe einer Schrift und

2. durch die mündliche Erklärung des Erblassers dabei, daß die Schrift seinen letzten Willen enthalte.

Bezüglich der Übergabe der Schrift, so ist zu bemerken:

1. Die Schrift kann **offen** oder **verschlossen** übergeben werden;

wird sie offen übergeben, so darf der Bürgermeister von ihrem Inhalt nur mit Zustimmung des Erblassers Kenntnis nehmen; sie ist auch bei Vorlesung des Protokolls nicht mit vorzulesen.

2. Die Schrift kann von dem Erblasser oder einem Anderen geschrieben sein, also auch eventuell vom Bedachten selbst oder dem Bürgermeister;

3. die Schrift braucht nicht vom Erblasser unterschrieben zu sein;

4. sie braucht auch nicht datiert zu sein;

5. die Schrift braucht nicht eine einzige zu sein; der Erblasser kann auch mehrere Schriften übergeben, und zwar können diese teils verschlossen, teils offen sein.

Bezüglich der **Mündlichkeit** der Erklärung bei der Übergabe gilt hier dasselbe, was oben bezüglich der Mündlichkeit der letztwilligen Erklärung selbst gesagt ist;

sie muß also auch durch gesprochene Worte geschehen, und genügen Zeichen und Geberden nicht; andererseits braucht natürlich die Erklärung auch nicht genau dahin lauten, daß die übergebene Schrift den letzten Willen des Erblassers enthalte, sie muß nur dem Sinne nach diesen Inhalt haben;

die Erklärung muß bei der Übergabe erfolgen; Erklärung und Übergabe müssen also zeitlich zusammentreffen.

Bezüglich des Gebrauchs dieser Errichtungsarten ist davon auszugehen, daß der Erblasser an sich die Wahl hat, welcher von beiden er sich bedienen will; die Meisten errichten ihr Testament mündlich; diejenigen aber, die ein besonderes Interesse an der Geheimhaltung ihres letzten Willens, auch vor den Zeugen, haben, wählen die schriftliche Form.

Gewissen Personengruppen jedoch steht eine solche Wahl nicht frei; sie müssen ihr Testament entweder in der einen oder anderen Form machen.

In dieser Beziehung ist folgendes zu bemerken:

1. **Minderjährige** (über diesen Begriff vgl. das oben bei den Testamentszeugen Gesagte) können ein Testament nur **mündlich** errichten;

Testamentserrichtung durch Schriftübergabe ist also den Minderjährigen versagt; ein so errichtetes Testament würde nichtig sein;

2. **Wer Geschriebenes nicht zu lesen vermag,** kann sein Testament ebenfalls nur mündlich errichten;

der Grund hierfür ist, daß derjenige, der eine Schrift als Trägerin seines letzten Willens überreichen will, wenigstens in der Lage sein muß, unzweifelhafte Kunde von dem Inhalt der Schrift zu haben.

Was die Ursache der Lesensunfähigkeit ist, ob körperliche Gebrechen oder Verstandesmängel, bleibt sich gleich; es sind demnach solche Personen insbesondere die **Blinden** und die sogenannten **Analphabeten** (des Lesens und Schreibens unkundige).

Dagegen ist es für die schriftliche Errichtung nicht notwendig, daß der Erblasser auch schreiben kann; er braucht nur Geschriebenes lesen zu können.

Angesichts dieser Beschränkungen ist es deshalb besondere Pflicht des Bürgermeisters, wenn ein Testament durch Übergabe einer Schrift errichtet werden soll, sich darüber Gewißheit zu verschaffen, ob der Erblasser volljährig ist und Geschriebenes zu lesen versteht.

3. **Taube** können ihr Testament mündlich oder schriftlich errichten;

natürlich muß der Bürgermeister diesen gegenüber bei der Erforschung ihres letzten Willens auch besonders vorsichtig sein, und er hat deshalb ihnen genau seine Fragen vorzuschreiben und darauf zu achten, daß ihre Antworten mit den Fragen übereinstimmen.

Ist der Taube nicht imstande, Geschriebenes zu lesen, so hat der Bürgermeister eine **Vertrauensperson** beizuziehen, die sich mit dem Erblasser zu verständigen vermag.

In der Auswahl der Vertrauensperson hat der Bürgermeister freie Hand; natürlich muß es, wie sich aus dem Begriffe „Vertrauensperson" ergibt, immer eine Person sein, gegen deren Lauterkeit und Ehrlichkeit kein Verdacht besteht.

Zu bemerken ist, daß auch ein Testamentszeuge zur Vertrauensperson dienen kann; es ist das wichtig, weil auf dem Lande die Auswahl nicht groß ist.

4. **Stumme** können ihr Testament nur durch Übergabe einer Schrift errichten, also Testamentserrichtung durch Zeichen, was besonders für Stumme von Bedeutung wäre, ist ausgeschlossen.

Die bei dieser Übergabe sonst erforderliche mündliche Erklärung des Erblassers, daß die Schrift seinen letzten Willen enthalte, hat der Stumme bei der Verhandlung eigenhändig in das Protokoll oder auf ein besonderes Blatt zu schreiben, das dem Protokoll als Anlage beigefügt werden muß.

Den Stummen stehen die sonst am Sprechen verhinderte Personen gleich.

Stumm ist, wer sich durch die Sprache nicht verständlich machen kann;

bei dem sonst am Sprechen behinderten kommt es nicht darauf an, ob ihre Behinderung eine dauernde oder nur vorübergehende, z. B. infolge großer Heiserkeit, ist.

Die eigenhändige Niederschrift der Erklärung des Erblassers, daß die Schrift seinen letzten Willen enthalte, muß, wie bemerkt, bei der Verhandlung erfolgen; sie muß also in Gegenwart aller Mitwirkenden geschehen und es ist deshalb unzulässig, daß der Erblasser die fragliche Erklärung vorher schreibt und diese bereits niedergeschriebene Erklärung überreicht.

Die Niederschrift erfolgt entweder in dem Protokolle (siehe hierüber unten) selbst oder auf einem besonderen Blatte; letzteres ist ein Blatt, welches verschieden von dem Protokoll und von der übergebenen Schrift ist; die Erklärung darf deshalb auch nicht etwa, falls die übergebene Schrift in einem Umschlage sich befindet, auf diesen Umschlage geschrieben werden.

Das Blatt muß dann dem Protokoll als Anlage beigefügt werden, zusammengeheftet mit dem Protokolle braucht es aber nicht zu werden.

Die Erklärung muß vom Erblasser eigenhändig geschrieben werden;

daraus folgt:

a) der Erblasser muß die ganze Erklärung schreiben, die bloße Unterzeichnung genügt nicht;

b) der Erblasser muß die Erklärung selbst schreiben; das ist wichtig, weil ältere Leute auf dem Lande nur zu sehr geneigt sind, andere für sich unterschreiben zu lassen. Bei schreibungewandten Personen ist zwar ein leichtes Stützen der Arme erlaubt, jedoch nicht ein Führen der Hand in der Weise, daß dabei keine eigene Tätigkeit des Erblassers obwaltet; insbesondere ist es also unzulässig, daß, was oft versucht wird, der Erblasser nur die Feder in die Hand nimmt, ein anderer aber diese in Bewegung setzt.

Da, wie gesagt, ein Stummer nur schriftlich, ein Minderjähriger und Lesensunkundiger nur mündlich testieren kann, so ergibt sich daraus, daß diejenigen Stummen, die minderjährig oder blind oder sog. Analphabeten sind, oder die nicht schreiben können, überhaupt zur Testamentserrichtung unfähig sind; denn es gilt der Grundsatz, daß Personen, die weder „mündlich" d. h. durch gesprochenes Wort, noch „schriftlich" d. h. durch geschriebenes Wort sich ausdrücken können, zu einer letztwilligen Verfügung überhaupt nicht befähigt sind, weil sich anders, als durch gesprochenes oder geschriebenes Wort, der Wille des Erblassers mit Sicherheit nicht ermitteln läßt.

5. **Taubstumme,** die zu schreiben verstehen, können ihr Testament in der für Stumme vorgeschriebenen Form errichten; können sie auch nicht schreiben, so sind sie zur Testamentserrichtung unfähig.

4. Kapitel.

Testamentserrichtung seitens sprachfremder Personen.

Die Testamentserrichtung seitens Personen, die der deutschen Sprache nicht mächtig sind, hat ihre besonderen Eigentümlichkeiten.

Hierzu ist im Einzelnen zu bemerken:

1. Erklärt der Erblasser, der deutschen Sprache nicht mächtig zu sein, so muß bei der Errichtung ein **vereideter Dolmetscher** zugezogen werden.

Ob der Erblasser wirklich der deutschen Sprache nicht mächtig ist, tut nichts; es genügt, wenn er es in glaubhafter Weise erklärt.

Die Erklärung kann in beliebiger Form erfolgen, also auch schriftlich oder auch durch Zeichen.

Die Erklärung hat vom Erblasser selbst auszugehen; die Angaben dritter Personen sind nicht zu berücksichtigen.

Die Zuziehung des Dolmetschers ist unbedingtes Erfordernis; ihre Unterlassung würde Nichtigkeit des Testaments bewirken.

Der Dolmetscher muß vereidigt sein; vor welchen Behörden er vereidigt ist, ist gleichgültig; es braucht also kein gerichtlich beeidigter Dolmetsch zu sein.

Sollte ein im allgemeinen beeidigter Dolmetsch nicht zur Verfügung stehen, so ist der Dolmetsch vom Bürgermeister zu vereidigen; die Vereidigung lautet dahin, daß der Dolmetscher treu und gewissenhaft übertragen werde.

Auf die Beeidigung kann nicht verzichtet werden.

Als Dolmetscher können bestimmte Personen nicht dienen, nämlich nicht:

a) ein Testamentszeuge; es ist also anders wie bei der Vertrauensperson; der Dolmetscher kann, um dies hier ausdrücklich zu bemerken, nicht zugleich eine der mitwirkenden Personen sein, sondern es muß eine von diesen verschiedene Person sein;

b) der Ehegatte des Erblassers;

c) ein naher Verwandter oder Verschwägerter des Erblassers oder des Bürgermeisters;

d) ein im Testament Bedachter oder ein naher Verwandter oder Verschwägerter eines solch Bedachten;

e) ein Minderjähriger;

f) ein der bürgerlichen Ehrenrechte für verlustig Erklärter;

g) ein zum Zeugeneid Unfähiger;

h) ein Dienstbote oder Gehilfe des Bürgermeisters. Die unter b—h Aufgeführten sind dieselben Personengruppen, welche auch unfähig sind, als Zeugen mitzuwirken.

Die Folgen ihrer Mitwirkung sind deshalb die gleichen.

Bei Mitwirkung der unter a—c aufgeführten Personen als Dolmetscher würde das Testament nichtig sein; dagegen würde die Mitwirkung eines Bedachten oder des Verwandten eines Bedachten zwar nicht das ganze Testament, jedoch die betreffende Zuwendung nichtig machen; die Mitwirkung der übrigen Personen hätte zwar keine Folge für die Gültigkeit des Testaments, sie würde aber eine dienstliche Verfehlung des Bürgermeisters begründen.

Frauen können ebenso als Zeugen wie auch als Dolmetscher beigezogen werden.

Der Dolmetscher gehört auch zu den mitwirkenden Personen im eigentlichen Sinne; die Folge ist, daß er auch während der ganzen Verhandlung zugegen zu sein hat und daß auch von ihm das Protokoll zu unterzeichnen ist; er muß also immer bis zum Schlusse der Verhandlung gegenwärtig sein und darf sich nicht vorher entfernen.

2. Die Zuziehung eines Dolmetschers bei Testamentserrichtung seitens eines Sprachfremden darf nur dann unterbleiben, wenn sämtliche Mitwirkende ihrer Versicherung nach, der Sprache, in der sich der Erblasser erklärt, mächtig sind.

a) Es müssen also die sämtlichen Mitwirkenden, nämlich der Bürgermeister und die beiden Zeugen, der betreffenden fremden Sprache ihre Erklärung nach mächtig sein;

b) es genügt aber anderseits für den Bürgermeister diese Erklärung; natürlich muß die Erklärung glaubwürdig sein;

c) ob die Zeugen tatsächlich auch der fremden Sprache mächtig sind, bedeutet für die Gültigkeit des Testaments nichts;

d) bei den Zeugen genügt es, daß sie die fremde Sprache sprechen können, der Bürgermeister muß ihrer auch im Lesen und Schreiben mächtig sein.

Die Zuziehung eines Dolmetschers ist, wenn alle Mitwirkenden der fremden Sprache mächtig sind, nicht notwendig, sie ist aber anderseits auch nicht verboten. Unterbleibt sie, so muß das Protokoll eine besondere Fassung erhalten (siehe unten).

5. Kapitel.

Anwesenheit der Mitwirkenden während der Verhandlung.

Die bei der Testamentserrichtung Mitwirkenden sind, wie schon bemerkt, der Bürgermeister, die beiden Zeugen, die Vertrauensperson und der Dolmetscher.

Für diese besteht nun die Verpflichtung, daß sie während der ganzen Verhandlung über die Errichtung des Testaments gegenwärtig sein müssen.

Der Grund hierfür ist bei dem Bürgermeister der, daß er die Verhandlung zu leiten hat, und bei den Zeugen, weil diese die Ordnungsmäßigkeit des Testieraktes zu kontrollieren haben, um erforderlichen Falls bei späteren Streitigkeiten über den Hergang der Testamentserrichtung und insbesondere über die Geschäftsfähigkeit des Erblassers Auskunft geben zu können.

Die Anwesenheit muß sich auf die ganze Verhandlung erstrecken, d. h. die Mitwirkenden müssen von Anfang bis zum Ende der Verhandlung zugegen sein.

Anfang der Verhandlung ist:

a) bei der mündlichen Testamentserrichtung die Erklärung des letzten Willens des Erblassers;

b) bei der schriftlichen Testamentserrichtung die Übergabe der Schrift seitens des Erblassers mit dessen Erklärung, daß die Schrift seinen letzten Wille enthalte.

Ende der Verhandlung ist sowohl bei der mündlichen wie schriftlichen Verhandlung der Abschluß des Protokolls.

Das Protokoll ist abgeschlossen mit der **Unterzeichnung** seitens der Mitwirkenden.

Die der Unterzeichnung nachfolgende **Verschließung** und Aufschrift des Testaments gehört nicht mehr zur eigentlichen Testamentserrichtung; es sollen zwar auch hierbei die sämtlichen Mitwirkenden anwesend sein, doch macht ein Verstoß hiergegen nicht mehr das Testament nichtig, was im übrigen der Fall wäre.

Aus dem Begriffe der Anwesenheit folgt, daß sich keiner der Mitwirkenden auf längere oder kurze Zeit entfernen darf;

eine Entfernung auf kürzere Zeit ist nur insofern erlaubt, als während der Abwesenheit keine Verhandlung gepflogen werden darf; außerdem würde der Testamentsakt nichtig sein, auch wenn die Abwesenheit noch so kurze Zeit gedauert hat.

Daß die Verhandlung in einem Zuge vor sich geht, ist nicht notwendig; Unterbrechungen, die gegebenenfalls durch plötzliche Schwäche des Erblassers verursacht werden, können also stattfinden, nur dürfen natürlich die Unterbrechungen nicht so groß sein, daß dadurch der Zusammenhang der Verhandlung aufgehoben würde.

6. Kapitel.

Das Protokoll.

I. Notwendigkeit des Protokolls.

Über jede Testamentserrichtung muß ein Protokoll aufgenommen werden;

die Aufnahme eines Protokolls ist ein wesentlicher Bestandteil der Testamentserrichtung; ein Testament ist demnach nur dann wirksam, wenn ein Protokoll in der vorgeschriebenen Art und Weise errichtet wird.

Die Protokollaufnahme muß also nicht bloß bei der mündlichen, sondern auch bei der schriftlichen Testamentserrichtung statt haben, insbesondere genügt also bei letzterer nicht ein bloßer Vermerk auf dem übergebenen Schriftstücke; das Fehlen des Protokolls würde Nichtigkeit des Testaments bedeuten.

II. Sprache des Protokolls.

Das Protokoll muß in deutscher Sprache aufgenommen werden; dies gilt auch für die Testamentserrichtung seitens eines Sprachfremden.

Eine Ausnahme von dieser allgemeinen Vorschrift ist nur für den Fall der Testamentserrichtung seitens eines Sprachfremden zugelassen, wenn alle Mitwirkenden, ihrer Versicherung nach, der fremden Sprache mächtig sind und die Zuziehung eines Dolmetschers unterbleibt (s. o.)

In diesem Falle muß das Protokoll in der betreffenden fremden Sprache aufgenommen werden, eine Zuwiderhandlung würde ebenfalls die Nichtigkeit des Testaments zur Folge haben. Dem Protokoll ist dann eine deutsche Übersetzung als Anlage beizufügen.

Bezüglich dieser Übersetzung ist zu bemerken:

1. Wer dieselbe abschreibt, ist einerlei;

2. sie braucht nicht beglaubigt zu werden;

3. sie braucht auch nicht vorgelesen und genehmigt zu werden;

4. sie ist auch nicht zu unterschreiben;

5. sie braucht auch im Protokoll nicht erwähnt zu werden;

6. sie ist sofort zu fertigen, da sie mit verschlossen und versiegelt wird.

III. Aufnahme und Fertigung des Protokolls.

Die „Aufnahme" des Protokolls darf nur durch den Bürgermeister erfolgen; dagegen braucht die eigentliche Niederschrift des Protokolls nicht durch den Bürgermeister selbst zu geschehen; er kann sich dazu jeder beliebigen Schreibhilfe bedienen.

Der Schreiber des Protokolls wird als solcher kein Mitwirkender bei der Testamentserrichtung.

Anderseits genügt aber auch die bloße Unterzeichnung des Protokolls durch den Bürgermeister nicht; die „Aufnahme" des Protokolls d. h. die Verfassung desselben muß immer durch den Bürgermeister stattfinden.

IV. Inhalt des Protokolls.

Bezüglich des Inhalts des Protokolls sind wesentliche und unwesentliche Bestandteile zu unterscheiden.

Wesentliche Bestandteile sind, wie schon oben an anderer Stelle ausgeführt, solche, deren Fehlen Nichtigkeit des Testaments bewirkt, unwesentliche solche, die die Gültigkeit des Testaments selbst nicht beeinflussen, sondern nur eine dienstliche Verfehlung des Bürgermeisters begründen.

Bezüglich der ersteren ist auch wieder zu unterscheiden zwischen solchen, die bei jedem Protokoll und solchen, die nur bei besonderen Protokollen vorhanden sein müssen.

A. Wesentliche Bestandteile des Protokolls in allen Fällen.

Jedes Protokoll muß bei Strafe der Nichtigkeit enthalten:

1. Eine Festellung des **Ortes** und **Tages** der Verhandlung.

a) Die **Ortsangabe** erfolgt durch Bezeichnung der sogenannten politischen Gemeinde, in der das Testament aufgenommen wird.

Es genügt aber auch, wenn die Verhandlung in einer Ortschaft oder auf einer Einöde erfolgt, die Bezeichnung dieser Ortschaft, bezw. Einöde.

Zwar nicht notwendig, aber doch empfehlenswert ist auch die Angabe der betreffenden Hausnummer.

Einer weiteren näheren Bezeichnung des Ortes bedarf es nicht; es ist also nicht notwendig, im Protokoll eine Feststellung dahin zu treffen, in welchem Zimmer des betreffenden Hauses, z. B. ob im Erdgeschoß oder im ersten Stocke die Verhandlung vor sich ging.

Die Ortsangabe ist besonders von Bedeutung für die Prüfung der Zuständigkeit des amtierenden Bürgermeisters.

b) Unter der **„Tagesangabe“** ist die Angabe des Jahres, Monats und Monatstags, an dem das Testament aufgenommen wird, zu verstehen.

Eine nähere Angabe der Zeit ist nicht erforderlich; insbesondere braucht also in der Regel die Stunde nicht angegeben zu werden; eine solche Angabe wäre nur dann wesentlich, wenn die Verhandlung sich über Mitternacht ausdehnte; der Wechsel des Tages ist dann wohl in der Weise festzustellen, daß der Zeitpunkt des Beginns und des Abschlusses der Verhandlung angegeben wird, also z. B. „vorwürfige Verhandlung wurde begonnen am 6. Januar nachts 11 Uhr und geschlossen am 7. Januar früh 3 Uhr.“

Die Orts- und Zeitangaben müssen richtig sein d. h. es müssen der Ort und der Tag, an denen die Verhandlung stattfindet, der Wahrheit entsprechend bezeichnet sein.

Eine unrichtige diesbezügliche Angabe, auch wenn sie bloß auf einem Schreibversehen beruhte, würde Nichtigkeit des Testaments zur Folge haben.

Der Grund hierfür ist, daß das Datum (die Angabe des Ortes und des Tages) keine Willenserklärung, sondern die Feststellung einer Tatsache ist; Ort und Zeit der Verhandlung ist deshalb in dem Protokolle nicht angegeben, wenn es darin nicht richtig angegeben ist. Das Datum ist für die verschiedensten Fragen von Bedeutung, so z. B. für die Frage, ob der Erblasser zur Zeit der Testamentserrichtung geschäftsfähig war, ob Pflichtteilserben vorhanden waren, ob das Testament im Verhältnisse zu etwaigen anderen Verfügungen von Todes wegen als das jüngere erscheint ꝛc. Solche Bedeutung kann aber nur die Angabe des richtigen Ortes und des richtigen Tages der Verhandlung haben.

Die Angabe des Ortes und des Tages der Verhandlung ist das erste Erfordernis des Protokolls.

Daraus folgt, daß Fehlen der einen oder anderen Angabe die Nichtigkeit des ganzen Testaments bewirken würde.

Die Stelle der Orts- und Zeitangabe im Protokoll ist gleichgültig;

zweckmäßig wird die Angabe des Ortes und der Zeit gleich am Anfange des Protokolls zu vermerken sein;

sie kann jedoch auch im Text oder am Schlusse des Protokolls, jedoch natürlich immer vor den Unterschriften, angebracht werden.

2. **Die Bezeichnung des Erblassers und der bei der Verhandlung mitwirkenden Personen.**

a) Unter „Bezeichnung" ist zweifelsfreie Feststellung der betreffenden Persönlichkeiten zu verstehen und es muß zu diesem Behuf alles angegeben werden, was erforderlich ist, um die Personen zweifelsfrei von anderen unterscheiden zu können.

Diese Bezeichnung wird in der Regel durch den Namen der Persönlichkeiten erfolgen; eine Unterlassung der Namensangabe aber schadet nicht, sofern nur die Persönlichkeit in anderer Weise genügend bezeichnet ist, so daß also unter dieser Voraussetzung, z. B. die Angabe des „Hausnamens" auf die Gültigkeit des Testaments keinen Einfluß hätte.

b) Die Bezeichnung einer Person durch den Namen umfaßt die Angabe des Familien- und Vornamens und ihres Berufs.

Empfehlenswert, wenn auch nicht gerade notwendig, ist aber außerdem auch noch eine Angabe über ihren Wohnort und zwar in Städten womöglich auch über Straße und Hausnummer.

c) Eine Angabe bezüglich der Eigenschaft, in der die Personen bei der Testamentserrichtung beteiligt sind, also ob als Zeuge oder beurkundender Beamter, ist nicht notwendig, aber immerhin empfehlenswert.

d) Die Bezeichnung muß nicht gerade im Texte des Protokolls stehen, es genügt, wenn sie im Zusammenhalte mit den Unterschriften zweifelsfrei feststeht, also z. B. „vor dem unterzeichneten Bürgermeister erschien 2c.“

3. **eine Feststellung des Hergangs bei der Testamentserrichtung**: Die Schilderung dieses Hergangs bei der Testamentserrichtung ist auch wieder verschieden, je nachdem das Testament mündlich oder schriftlich errichtet wird.

a) Im Falle der mündlichen Errichtung: hier ist im Protokolle der Inhalt des mündlich erklärten letzten Willens festzustellen. Diese Feststellung braucht sich natürlich nicht wortgetreu an die Erklärung des Erblassers zu halten, aber sie muß dem Sinne nach identisch mit der Erklärung sein; es ist deshalb empfehlenswert, sich möglichst der Ausdrucksweise des Erblassers anzuschließen.

b) Im Falle der schriftlichen Errichtung: hier sind im Protokoll zweierlei Feststellungen zu treffen; es muß

aa) die Tatsache der Übergabe der Schrift und

bb) die mündliche Erklärung der Erblassers hierbei, daß diese Schrift seinen letzten Willen enthalte, festgestellt werden.

Die Tatsache der Übergabe muß als erfolgt festgestellt werden; es genügt also z. B. nicht, eine Feststellung dahin: der Erblasser erklärte: „Ich übergebe hiermit eine Schrift 2c.“, sondern es muß heißen: „Der Erblasser übergab eine Schrift und erklärte: 2c. 2c.“ Dagegen bedarf es nicht einer Feststellung darüber, ob die Schrift verschlossen oder offen übergeben wurde, es ist jedoch immerhin eine solche Feststellung zweckmäßig.

4. **Feststellung der Besorgnis, daß die Errichtung des Testaments vor einem Notar, in Preußen und Sachsen auch vor einem Richter, nicht mehr möglich sein werde.**

Diese Feststellung ist ebenso, wie die übrigen obigen Feststellungen für die Gültigkeit des Testaments unbedingt erforderlich; ob die Besorgnis auch wirklich begründet ist, macht aber, wie schon bemerkt, nichts aus.

Die Feststellung des Notstandes ist aber nur beim ersten Fall des Dorftestaments vorgeschrieben.

Beim zweiten Falle des Dorftestaments, dem sogenannten Seuchentestament, ist eine besondere Feststellung des betreffenden Notstandes nicht vorgeschrieben, aber doch immerhin sehr zweckmäßig.

5. **Feststellung der Vorlesung des Protokolls, sowie der Genehmigung und Unterzeichnung desselben seitens des Erblassers** (siehe des näheren hierüber Seite 44 unter Ziffer V).

B. Wesentliche Bestandteile des Protokolls in besonderen Fällen.

Als solche besondere Fälle kommen die Testamentserrichtungen seitens eines schreibensunfähigen und stummen oder sonst am Sprechen behinderten, oder eines sprachfremden Erblassers in Betracht.

1. Testamentserrichtung seitens eines **schreibensunfähigen Erblassers.** In diesem Falle muß das Protokoll noch ausdrücklich die Feststellung enthalten, daß der Erblasser erklärt, nicht schreiben zu können (siehe

hierüber des näheren noch unten bei „Unterzeichnung des Protokolls“).

2. Testamentserrichtung seitens einer **stummen oder sonst am Sprechen behinderten Person.** Diese Personen können, wie oben ausgeführt, ihr Testament nur rein schriftlich errichten d. h. nur durch Übergabe einer Schrift und durch die schriftliche Erklärung, daß die Schrift ihren letzten Willen enthalte; diese schriftliche Erklärung muß, wie ebenfalls schon oben ausgeführt, vom Erblasser eigenhändig in das Protokoll oder auf ein besonderes Blatt geschrieben werden und dieses Blatt ist dann dem Protokoll als Anlage beizufügen.

Das eigenhändige Niederschreiben dieser Erklärung und die Überzeugung des Bürgermeisters, daß der Erblasser am Sprechen verhindert ist, muß nun im Protokolle festgestellt werden; jedoch bedarf es einer Begründung dieser Überzeugung nicht.

Das Protokoll braucht vom Erblasser nicht besonders genehmigt zu werden; von der Genehmigung wurde deshalb abgesehen, weil der Verfügende die Genehmigung wiederum schriftlich erteilen müßte, dies aber entbehrlich ist, da die Haupterklärung vollinhaltlich von dem Verfügenden niedergeschrieben wird und die Unterzeichnung seitens desselben über seine Genehmigung keinen Zweifel läßt.

Dagegen muß das Protokoll vorgelesen werden, ebenso die schriftliche Erklärung, wenn diese auf ein besonderes Blatt geschrieben wird; ferner muß im Protokolle diese Vorlesung ausdrücklich festgestellt werden;

ebenso muß das Protokoll selbst auch vom Erblasser unterzeichnet werden;

einer Unterzeichnung der besonderen schriftlichen Erklärung durch den Erblasser bedarf es aber nicht, da die Erklärung durch die Unterzeichnung des Protokolls gedeckt wird.

3. Testamentserrichtung seitens einer **sprachfremden Person.**

Bei dieser Testamentserrichtung ist bezüglich des Protokolls auch wieder zu unterscheiden, ob die Zuziehung eines Dolmetschers stattfindet oder nicht;

a) zum Falle, wenn ein Dolmetscher zugezogen wird:

hier wird zunächst auch das Protokoll in deutscher Sprache aufgenommen, es muß aber dann das Protokoll vom Dolmetscher in die betreffende fremde Sprache übersetzt werden.

Die Übersetzung ist vom Dolmetscher anzufertigen; sollte dies nicht geschehen, so ist wenigstens die Übersetzung von ihm zu beglaubigen; vom Dolmetscher ist dann auch die Übersetzung vorzulesen; also es ist nicht, wie beim eigentlichen Protokolle, gleichgültig, wer sie vorliest, sondern die Vorlesung darf nur durch den Dolmetscher erfolgen.

Das Protokoll muß weiter als besondere Eigentümlichkeiten noch folgendes enthalten:

1. Die Feststellung der Erklärung des Erblassers, daß er der deutschen Sprache nicht mächtig sei;

2. den Vermerk, daß ein Dolmetscher zugezogen wurde, und den Namen des Dolmetschers;

3. die Feststellung, daß der Dolmetscher die Übersetzung gefertigt oder sie beglaubigt und sie vorgelesen hat;

4. das Protokoll ist dann auch noch außer vom Erblasser, dem Bürgermeister und den Zeugen, vom Dolmetscher zu unterschreiben.

Eine Unterzeichnung der Übersetzung seitens des Dolmetschers ist nicht erforderlich, wenn er sie selbst fertigt.

Der Beglaubigungsvermerk kann kurz dahin lauten: „Beglaubigt", worauf die Unterschrift des Dolmetschers folgt.

Eine Unterzeichnung der Übersetzung seitens des Erblassers, Bürgermeisters und Zeugen findet nicht statt.

Die Übersetzung muß sich auf den ganzen Inhalt des Protokolls erstrecken, also auch auf die Vermerke: „Vorgelesen, genehmigt und unterschrieben."

Da die Feststellung über die Zuziehung des Dolmetschers, die Fertigung, Beglaubigung und Vorlesung der Übersetzung, mit vorgelesen werden muß, so ist der Gang des Verfahrens bei dieser Art der Testamentserrichtung am zweckmäßigsten der, daß vor allem das Protokoll niedergeschrieben, dann die Übersetzung angefertigt und vorgelesen und sodann das Protokoll selbst erst vorgelesen wird.

b) Zum Falle der Testamentserrichtung seitens eines Sprachfremden ohne Zuziehung eines Dolmetschers.

Hierzu ist im einzelnen zu bemerken:

1. Das Protokoll muß in der fremden Sprache aufgenommen werden; eine Aufnahme in deutscher Sprache würde Nichtigkeit des Testaments herbeiführen.

2. Das Protokoll muß noch folgende besondere Bestandteile, außer den für jede Testamentserrichtung notwendigen allgemeinen Erfordernissen, haben:

a) eine Feststellung der Erklärung des Erblassers, daß er der deutschen Sprache nicht mächtig sei und

b) eine Feststellung der Versicherung der mitwirkenden Personen, daß sie der fremden Sprache mächtig seien.

3. Von dem in der fremden Sprache aufgenommenen Protokoll ist eine deutsche Übersetzung zu fertigen und diese dem Protokoll als Anlage beizufügen.

Von wem die Übersetzung gefertigt wird, ist gleichgültig, sie kann also auch von einem Nichtmitwirkenden geschehen.

Die Übersetzung braucht auch nicht vorgelesen, nicht genehmigt und nicht unterschrieben zu werden;

sie kann deshalb auch erst nach Abschluß des Protokolls gefertigt werden, aber immerhin muß dies im unmittelbaren Anschluß hieran geschehen, da die Übersetzung ja mit dem Protokolle zu verschließen ist.

C. Unwesentliche Bestandteile des Protokolls.

Unwesentliche Bestandteile des Protokolls sind, wie schon bemerkt, solche, deren Fehlen oder Mangelhaftigkeit auf die Gültigkeit des Testaments keinen Einfluß hat.

Die hierauf bezüglichen Vorschriften sind sogenannte „Ordnungsvorschriften", „Sollvorschriften", d. h. ihre Anordnungen sollen befolgt werden, im Gegensatze zu den „Mußvorschriften", deren Anordnungen beobachtet werden müssen, wenn anders die Gültigkeit des Testaments nicht Schaden leiden soll.

Solche Bestandteile sind folgende:

1. Feststellung der Persönlichkeit des Erblassers.

Der Bürgermeister soll sich vergewissern, daß der Erblasser wirklich derjenige ist, für den er sich ausgibt und das Protokoll soll deshalb eine Feststellung bezüglich der Persönlichkeit des Erblassers enthalten.

Hinsichtlich der Art dieser Feststellung sind nun drei Fälle zu unterscheiden:

a) Der Erblasser ist dem Bürgermeister zur Zeit der Aufnahme des Testaments bereits bekannt;

b) der Erblasser ist dem Bürgermeister zwar nicht bekannt, aber er vermag sich über ihn Gewißheit zu verschaffen;

c) der Erblasser ist dem Bürgermeister nicht bekannt und der Bürgermeister kann sich auch keine Gewißheit über ihn verschaffen.

Zu a: „bekannt" ist dem Bürgermeister nur derjenige Erblasser, den er schon vor der Testamentsaufnahme gekannt hat; lernt der Bürgermeister den Erblasser erst gelegentlich der Testamentserrichtung kennen, so kann von einem Bekanntsein nicht gesprochen werden.

Ist der Erblasser bekannt, so ist im Protokolle lediglich diese Tatsache des Bekanntseins festzustellen, dahin etwa: „der Erblasser ist mir, dem Bürgermeister, bekannt."

Zu b: Ist der Erblasser dem Bürgermeister nicht bekannt, so ist es dem freien Ermessen des Bürgermeisters überlassen, wie er sich von der Persönlichkeit des Erblassers Gewißheit verschafft. Der gewöhnliche und sicherste Weg hierbei ist ja der durch sogenannte Erkennungszeugen d. h. also dadurch, daß dem Bürgermeister schon persönlich bekannte Personen die Persönlichkeit des Erblassers bestätigen.

Bezüglich dieser Erkennungszeugen bestehen keine besonderen Erfordernisse; es müssen nur glaubwürdige Persönlichkeiten sein; natürlich können auch Frauen dazu dienen, und auch die Testamentszeugen oder der Dolmetscher können zugleich Erkennungszeugen sein.

Ist kein solcher Erkennungszeuge vorhanden, so kann sich der Bürgermeister auf jede andere glaubwürdige Art der Persönlichkeit des Erblassers versichern.

Als Mittel hierzu dienen insbesondere auf den Namen des Erblassers lautende Urkunden, Pässe und sonstige Legitimationspapiere, wie Radfahrkarten, Versicherungskarten, Militärscheine 2c.; allenfalls kann sich der Erblasser auch durch besondere Kenntnis von Familienverhältnissen über seine Persönlichkeit ausweisen.

Wie gesagt, der Bürgermeister hat in der Auswahl der Mittel zur Persönlichkeitsfeststellung vollkommen freie Hand; er ist aber verpflichtet, im Protokoll **anzugeben**, in welcher Weise er sich Gewißheit über die Persönlichkeit des Erblassers verschafft hat;

es sind also die **Mittel** des näheren zu bezeichnen, auf Grund deren der Bürgermeister sich von der Persönlichkeit des Erblassers überzeugt hat, da die Beurkundung eine Nachprüfung des Feststellungsverfahrens ermöglichen soll; es genügt demnach nicht ein Vermerk wie z. B.: „Von der Persönlichkeit des Erblassers habe ich mir Gewißheit verschafft," „an der Persönlichkeit des Erblassers habe ich keinen Zweifel", sondern der Vermerk muß dahin lauten:

„Von der Persönlichkeit des Erblassers habe ich mir dadurch Gewißheit verschafft, daß der mir persönlich bekannte N. N. denselben der Persönlichkeit nach anerkannte,"

oder: „von der Persönlichkeit des Erblassers habe ich mir auf Grund einer von diesem vorgelegten, auf seinen Namen lautenden Radfahrkarte des Stadtmagistrats N. Gewißheit verschafft."

Freilich ist nicht gerade notwendig, daß die Feststellung immer in diesem dem Gesetzestext entsprechenden Wortlaut erfolgt; es reicht vielmehr auch aus, daß aus der Urkunde mit Sicherheit zu entnehmen ist, daß der Bürgermeister hat zum Ausdruck bringen wollen, daß er sich auf Grund der beigebrachten Erkennungsmittel Gewißheit von der Persönlichkeit verschafft hat; aber immerhin ist doch zur Vermeidung von Beanstandungen möglichste Anlehnung an diesen Wortlaut sehr zu empfehlen.

Der Vermerk über die Persönlichkeitsfeststellung braucht, wenn diese durch einen Erkennungszeugen erfolgt, an sich nicht von demselben unterschrieben zu werden; als zweckmäßig ist die Unterzeichnung aber immerhin doch zu empfehlen.

Die Unterzeichnung erfolgt unmittelbar unter dem betreffenden Feststellungsvermerk im Texte des Protokolls, außerdem am Schlusse des Protokolls.

Die Unterzeichnung hat in Gegenwart aller Mitwirkenden zu erfolgen, da diese bei der ganzen Verhandlung über die Testamentsaufnahme anwesend sein müssen.

Die Erklärung des Bürgermeisters, daß er sich Gewißheit verschafft habe, ist keineswegs eine rein formelle, bedeutungslose; sie erhöht vielmehr seine Verantwortlichkeit und deshalb die Sicherheit jedes Dritten, welcher aus der Urkunde Rechte erwirbt.

Der Bürgermeister hat deshalb bei diesen Persönlichkeitsfeststellungen mit aller Vorsicht zu verfahren.

Zu c: Kann sich der Bürgermeister eine Gewißheit über die Persönlichkeit des Erblassers nicht verschaffen, wird aber gleichwohl die Aufnahme des Testaments verlangt, so darf der Bürgermeister deswegen die Beurkundung nicht ablehnen, sondern es hat nur eigentliche Feststellung der Persönlichkeit im Protokoll zu unterbleiben, dafür ist aber der Sachverhalt und dasjenige, was zur Feststellung der Persönlichkeit beigebracht ist, in das Protokoll aufzunehmen.

2. **Feststellung der Geschäftsfähigkeit des Erblassers.**

Da der Bürgermeister nur bei „Gefahr im Verzuge" zur Testamentsaufnahme gerufen wird, so ist der Zustand des Erblassers immer ein solcher, daß hinsichtlich des Vorhandenseins seiner für die Errichtung eines Testaments erforderlichen Geschäftsfähigkeit und Einsicht doppelte Vorsicht notwendig ist.

Der Bürgermeister hat deshalb, bevor er zur Aufnahme des Testaments schreitet, sich vor allem darüber zu vergewissern, daß der Erblasser im vollen Besitze seiner Geisteskräfte sich befindet und sich auch der ganzen Tragweite seiner letztwilligen Anordnungen bewußt ist.

Diese Gewißheit verschafft sich der Bürgermeister durch verschiedene Fragen, die er an den Erblasser richtet, und wobei er darauf zu achten hat, daß der Erblasser sie richtig auffäßt und beantwortet; mit der Beantwortung der Fragen durch einfaches „Ja" oder gar nur durch Kopfnicken darf sich der Bürgermeister nicht begnügen; denn die Schwerkranken, mit denen es ja die Bürgermeister bei Testamentserrichtungen immer zu tun haben, beantworten nur zu leicht Fragen auf diese Weise, auch wenn sie den Sinn der Frage gar nicht erfassen.

Mit den bloßen Angaben von Angehörigen, der Erblasser verstehe schon alles, er könne sich nur nicht mehr recht ausdrücken, wie es oft vorkommt, darf sich natürlich der Bürgermeister auch nicht zufrieden geben, sondern er muß darauf dringen, daß er aus den Erklärungen des Erblassers selbst die Gewißheit von dessen Geschäftsfähigkeit und Einsicht bekommt.

Die Tatsache der Geschäftsfähigkeit hat der Bürgermeister dann auch kurz im Protokolle festzustellen, wie:

„Der Erblasser ist, wie ich mich aus dem mit ihm geführten Gespräche überzeugte, im vollen Besitze seiner Geisteskräfte und hat die zur Errichtung des Testaments erforderliche Geschäftsfähigkeit und Einsicht."

Zweifelt er an dieser Geschäftsfähigkeit und Einsicht, so darf er die Aufnahme des Testaments nicht ablehnen, sondern hat seine Zweifel dem Erblasser mitzuteilen, und wenn dieser trotzdem auf der Testamentserrichtung besteht, die Beurkundung vorzunehmen.

In dem Protokoll hat aber dann der Bürgermeister den Inhalt seiner Mitteilung an den Erblasser über seine Zweifel an dessen Geschäftsfähigkeit und dessen Erkärung hierauf festzustellen.

Eine solche Feststellung würde z. B. dahin zu lauten haben: „aus dem mit dem Erblasser gepflogenen Gespräch konnte ich mich nicht voll davon überzeugen, daß der Erblasser die ganze Bedeutung seiner letztwilligen Verfügung erkannt hat; ich habe dem Erblasser auch hiervon Mitteilung gemacht; derselbe bestand aber auf Testamentserrichtung."

Die fragliche Feststellung ist aber nur zu treffen, wenn der Bürgermeister an der Geschäftsfähigkeit des Erblassers lediglich zweifelt; hegt er aber gar keine solchen Zweifel mehr, sondern hat er die Überzeugung, daß der Erblasser die zum Testament erforderliche Geschäftsfähigkeit nicht mehr besitzt, so darf er auch die Beurkundung nicht mehr vornehmen, sondern ist zur Ablehnung seiner Tätigkeit berechtigt und verpflichtet.

Gegebenenfalls wird der Bürgermeister, falls er sich nicht selbst für die eine oder andere Anschauung entschließen kann, gut tun, mit dem etwa behandelnden Arzt ins Benehmen zu treten, um dessen Meinung über den Geisteszustand des Erblassers zu hören.

3. **Persönlichkeitsfeststellung bezüglich der übrigen Mitwirkenden** (Urkundszeugen, Vertrauensperson, Dolmetscher).

Eine solche Feststellung ist zwar nicht vorgeschrieben, aber immerhin rätlich.

4. Feststellung bezüglich der für die Testamentserrichtung erforderlichen Eigenschaften der Zeugen.

Eine solche Feststellung ist zwar auch nicht wesentlich, aber ebenfalls zur Hintanhaltung von etwaigen späteren Beanstandungen, empfehlenswert. Die Feststellung kann kurz dahin lauten: „die Zeugen sind in jeder Beziehung einwandfrei“.

5. **Feststellung der Art und Weise der Beeidigung des Dolmetschers.**

Ist ein Dolmetscher beigezogen worden, der erst vom Bürgermeister beeidigt werden mußte, so ist es zweckmäßig, wenn auch nicht notwendig, die Art und Weise seiner Beeidigung im Protokolle festzustellen.

6. **Feststellung der Vorlegung des Protokolls zur Durchsicht.**

Bei Testamentserrichtung seitens eines Stummen ist in allen Fällen dem Erblasser das Testament zur Durchsicht, auch wenn er es nicht verlangt, vorzulegen (s. oben); daß diese Vorlegung erfolgte, ist im Protokolle festzustellen.

7. **Feststellung der Verständigung mit der Vertrauensperson.**

Bei Testamentserrichtung seitens eines Tauben, der Geschriebenes nicht zu lesen imstande ist, ist eine Vertrauensperson beizuziehen, die sich mit dem Erblasser zu verständigen vermag (s. oben).

Im Protokolle soll nun in diesem Falle ausdrücklich festgestellt werden, daß der Erblasser die Vertrauensperson verstanden hat.

8. **Feststellung der Belehrung des Erblassers über die zeitlich beschränkte Gültigkeit des Testaments** (siehe des näheren Seite 55 bei Kapitel 8).

V. Vorlesung, Genehmigung und Unterzeichnung des Protokolls.

1. Vorlesung:

a) Die Vorlesung wird in der Regel durch den Bürgermeister selbst erfolgen; erfolgt sie durch einen anderen, so muß dies natürlich unter Kontrolle des Bürgermeisters geschehen.

b) Die Vorlesung muß dem Erblasser und den Mitwirkenden gegenüber erfolgen; eine Vorlesung dem Erblasser allein gegenüber ist nicht genügend, und eine Feststellung im Protokolle dahingehend: „dem Erblasser vorgelesen", würde Nichtigkeit herbeiführen.

Daraus ergibt sich:

a) Der Erblasser und die Mitwirkenden, also wenn der Bürgermeister nicht selst vorliest, auch dieser, müssen bei der Vorlesung anwesend sein.

b) Die Vorlesung muß auch dann erfolgen, wenn der Erblasser taub ist.

c) Auf das Vorlesen kann nicht verzichtet werden, und zwar auch dann nicht, wenn der Erblasser und die übrigen Mitwirkenden schon Kenntnis vom Protokoll infolge Durchsicht oder infolge lauten Diktierens haben; es ist darauf besonders hinzuweisen, weil man auf dem Lande zu gerne das Vorlesen in solchen Fällen für überflüssig hält.

d) Das ganze Protokoll muß vorgelesen werden.

Das Protokoll in diesem Sinne umfaßt den ganzen Inhalt der Beurkundung bis zur Unterschrift, also insbesondere die Angaben über Art und Tag der Verhandlung, die Bezeichnung des Erblassers und der bei der Verhandlung mitwirkenden Personen, die Erklärungen des Erblassers über seinen letzten Willen und im Falle der schriftlichen Testamentserrichtung, die Feststellung der Übergabe der Schrift.

Dagegen braucht in dem Falle der Schreibensunfähigkeit des Erblassers die Feststellung seiner Erklärung, daß er nicht schreiben könne, nicht vorgelesen zu werden, da ja diese Feststellung die Unterschrift ersetzt und die Unterschrift selbst auch nicht vorgelesen wird.

Im Falle der schriftlichen Testamentserrichtung braucht die übergebene Schrift nicht mit vorgelesen zu werden.

2. **Genehmigung:**

Das Protokoll muß vom Erblasser genehmigt werden.

Die Genehmigung ist die Erklärung des Erblassers, daß er mit dem Inhalte des Protokolls einverstanden sei; eine Form dafür ist nicht vorgeschrieben;

sie kann deshalb mündlich, aber auch durch Zeichen oder Geberden, wie z. B. durch Kopfnicken erfolgen; im Interesse der Unanfechtbarkeit ist aber zu empfehlen, eine ausdrückliche Erklärung des Erblassers über die Genehmigung zu veranlassen und vor der Genehmigung noch einmal den ganzen Inhalt des Testaments mit dem Erblasser durchzubesprechen.

3. **Unterzeichnung.**

Bezüglich dieser Unterzeichnung ist zu bemerken:

a) sie muß eine eigenhändige sein;

sie muß demnach vom Erblasser selbst geschehen, also ohne daß er sich eines anderen zum Schreiben der Unterschrift bedient; es darf für ihn nicht eine andere Person unterschreiben, auch dann nicht, wenn, wie es auf dem Lande häufig geschieht, der Erblasser dies wünscht;

sie muß durch den Erblasser geschehen;

er muß also allein derjenige sein, der unterschreibt; bei Schwäche oder Unbeholfenheit darf ihm wohl das Schreiben z. B. durch Stützen des Armes etwas erleichtert werden; aber ein Führen der Hand in der Weise, daß die Feder nicht durch den Willen des Erblassers, sondern durch den eines Dritten in Bewegung gesetzt wird, ist unstatthaft.

Der Erblasser darf sich also nicht darauf beschränken, lediglich den oberen Teil des Federhalters in die Hand zu nehmen und die eigentliche Führung der Feder einem anderen überlassen.

b) Die Unterschrift muß den Familiennamen des Erblassers enthalten;

zweckmäßiger Weise ist ihr aber auch noch der Vorname beizufügen.

Ob der Vorname vor oder hinter dem Familiennamen steht, ist gleichgültig.

Der Vorname muß dem, dem Erblasser von Rechts wegen zukommenden, Namen entsprechen.

Verkleinerungsformen, wie „Fritz", statt „Friedrich", „Kuni", statt „Kunigunda", „Lina", statt „Karolina", oder willkürliche wenn auch volkstümliche Abänderungen, wie „Barbara", statt „Babette" sind deshalb nicht zuzulassen.

Wenn der Erblasser mehrere Vornamen hat, sind alle zu schreiben.

c) Die Unterzeichnung muß eine handschriftliche sein, weil nur dann mit Sicherheit sich erkennen und beurteilen läßt, ob der, der unterschrieben hat, in der Tat persönlich seine Unterschrift abgegeben hat; eine durch Faksimile (durch Buch- oder Steindruck nachgebildete Handschrift) oder auf einem sonstigen mechanischen Wege hergestellte Unterschrift genügt also nicht.

Eine Ausnahme von dem Erfordernis der eigenhändigen Unterzeichnung des Protokolls seitens des Erblassers wird nur in dem Falle zugelassen, daß der Erblasser erklärt, nicht schreiben zu können und daß **diese Erklärung im Protokolle festgestellt ist.**

Durch diese Feststellung wird die fehlende Unterschrift des Erblassers ersetzt; aber auch **nur** durch diese Feststellung allein; die Zeichnung von 3 Kreuzen, wie es früher vielfach üblich war, genügt also nicht, der schreibensunfähige Erblasser kann sich zwar solcher Kreuze bedienen aber sie ersetzen die vorerwähnte Feststellung nicht;

würde die betreffende Feststellung fehlen, so würde das Protokoll als nicht vom Erblasser unterschrieben anzusehen und deshalb das Testament nichtig sein.

Auf welcher Ursache die Schreibensunfähigkeit des Erblassers beruht, ist gleichgültig; sie kann also ihren Grund sowohl in mangelnder Kenntnis des Schreibens als auch in körperlicher Gebrechlichkeit haben.

Die Feststellung muß immer dahin lauten, daß der Erblasser erklärt, nicht schreiben zu können, ob er wirklich dazu nicht imstande ist, kommt nicht in Betracht; natürlich muß immerhin der Bürgermeister von der Wahrheit dieser Erklärung überzeugt sein.

Eine Feststellung lediglich dahin, daß der Erblasser nicht schreiben könne, würde **nicht** genügen und Nichtigkeit des Testaments zur Folge haben.

Was der Grund der Schreibensunfähigkeit ist, braucht die Feststellung nicht zu enthalten.

Unterzeichnung des Protokolls seitens der mitwirkenden Personen.

Das Protokoll ist nicht nur vom Erblasser, sondern auch von den mitwirkenden Personen, also auch vom Bürgermeister, den beiden Zeugen und gegebenenfalls auch vom Dolmetscher und der Vertrauensperson, zu unterschreiben.

Die Unterschrift dieser Personen bildet den Abschluß des Protokolls;

daraus ergibt sich, daß deren Unterschrift, wie sie zeitlich der des Erblassers nachfolgt, auch räumlich hinter dieser zu stehen kommt.

Die Unterschrift des Bürgermeisters als die des beurkundenden Beamten folgt am besten als letzte auf die der übrigen Mitwirkenden.

Was oben bezüglich der Unterschrift des Erblassers gesagt ist, gilt natürlich auch von der der Mitwirkenden;

es muß jedoch bemerkt werden, daß es eine Ausnahme von der eigenhändigen Vollziehung der Unterschrift, wie beim Erblasser, bei den Mitwirkenden nicht gibt;

eine Feststellung der Erklärung eines Zeugen z. B., daß er seinen Namen nicht schreiben könne, ersetzt die Unterschrift in diesem Falle nicht; daraus folgt, daß eine Person, die nicht einmal ihren Namen zu schreiben vermag, als Zeuge nicht mitwirken kann;

sollte sich ein solcher Mangel bei einem Zeugen erst bei der Unterzeichnung des Protokolls herausstellen, so müßte eine andere Person als Zeuge beigezogen und der Testierakt nochmals wiederholt werden.

Die Beifügung der Eigenschaft, in der die Mitwirkenden bei der Testamentserrichtung tätig waren, z. B. „als Zeuge“, „als Dolmetscher“, bei ihrer betreffenden Unterschrift, ist nicht vorgeschrieben, aber zweckmäßig.

Zu den Mitwirkenden bei der Testamentserrichtung gehört der Erkennungszeuge nicht; dieser hat deshalb auch das Protokoll selbst nicht zu unterzeichnen; wohl aber ist es, wie bereits gesagt, zweckmäßig, von ihm den Persönlichkeitsfeststellungsvermerk unterschreiben zu lassen.

Das Protokoll ist außerdem noch dem Erblasser auf Verlangen zur Durchsicht vorzulegen. Ist der Erblasser taub, so ist ihm das Protokoll zur Durchsicht vorzulegen, auch wenn er es nicht verlangt.

Feststellung der Vorlesung, Genehmigung und Unterzeichnung des Protokolls.

Die bezügliche Feststellung ist eine dreifache:

a) es ist die Vorlesung des Protokolls festzustellen.

Die Feststellung hat einfach dahin zu lauten: „das Protokoll wurde vorgelesen“; es braucht nicht gesagt zu werden, von wem es vorgelesen wurde.

b) Es ist die Genehmigung des Protokolls seitens des Erblassers festzustellen.

Die Feststellung dieser Genehmigung hat auch ausdrücklich zu erfolgen; aus der bloßen Unterzeichnung des Protokolls durch den Erblasser ist die Genehmigung noch nicht zu folgern;

die Genehmigungsfeststellung lautet kurz dahin: „vom Erblasser genehmigt.“

Eine Feststellung der Genehmigung des Protokolls seitens der Mitwirkenden findet nicht statt;

diese haben das Protokoll lediglich zu unterzeichnen; in der Unterzeichnung des Protokolls seitens derselben liegt schon deren Genehmigung des Protokolls.

c) Es ist die Unterzeichnung des Protokolls durch den Erblasser festzustellen.

Daß die Unterschrift des Erblassers auch dessen eigenhändige ist, braucht nicht besonders festgestellt zu werden, wenn nur aus der Fassung des Protokolls unmittelbar hervorgeht, daß der Erblasser seine Unterschrift selber, persönlich, geschrieben hat;

es ist aber immerhin, um jede Beanstandung zu vermeiden, rätlich, ausdrücklich die Eigenhändigkeit der Unterschrift zu konstatieren.

Eine besondere Feststellung der Unterzeichnung des Protokolls durch die Mitwirkenden erfolgt nicht.

Die Unterzeichnung des Protokolls seitens der mitwirkenden Personen bildet den Abschluß desselben.

Daraus ergibt sich, daß das Protokoll erst mit der Unterschrift des letzten Mitwirkenden aufgenommen ist.

Solange die Aufnahme des Protokolls nicht beendigt ist, ist das Testament nicht als errichtet anzusehen; es ist das sehr wichtig für den Fall, daß in der Zwischenzeit der Erblasser stirbt oder geschäftsunfähig wird, oder daß ein solcher Fall bezüglich eines Mitwirkenden eintritt.

Da das Testament ein rechtsförmlicher Akt ist, so müssen der Erblasser und die Mitwirkenden die volle Vornahme der Errichtungsförmlichkeiten erleben, wenn das Testament gültig sein soll.

Stirbt also der Erblasser, bevor alle Mitwirkenden unterzeichnet haben, so ist das Protokoll während seines Lebens nicht zum förmlichen Abschlusse gebracht und kann darum von einem vollgültigen Testamente nicht gesprochen werden;

ebenso ist es, wenn der Erblasser vor dem Protokollabschlusse, z. B. infolge Schwächeanfalls, die Geschäftsfähigkeit verliert oder wenn bei einem der Mitwirkenden vor diesem Zeitpunkte der gleiche Fall eintritt.

7. Kapitel.
Behandlung des Protokolls.

Ist das Protokoll aufgenommen, so hat der Bürgermeister in dreifacher Beziehung damit zu verfahren; er hat es

1. mit dem Gemeindesiegel zu verschließen, sodann

2. mit einer Aufschrift zu versehen und diese Aufschrift zu unterzeichnen, endlich

3. an das zuständige Notariat zur besonderen amtlichen Verwahrung abzuliefern.

Zu 1: Die Verschließung erfolgt mit dem Gemeindesiegel; daraus folgt, daß, wo ein Gemeindesiegel nicht vorhanden ist, der Bürgermeister eigentlich ein Testament nicht aufnehmen kann; da jedoch bei einer Testamentserrichtung höhere Interessen auf dem Spiele stehen und die Vorschrift des Verschlusses mit dem Gemeindesiegel lediglich eine sogenannte Sollvorschrift ist, so wird man wohl annehmen dürfen, daß von dieser Art des Verschlusses unter Umständen die Gültigkeit einer Testamentserrichtung nicht abhängig gemacht werden kann und sich mit dem bloßen Vermerk, wie er oft üblich ist „Dienstsiegel fehlt", begnügen.

Zweckmäßig wird es aber in einem solchen Falle immer sein, wenn der Bürgermeister mit einem anderen „Privatsiegel" das Protokoll verschließt und womöglich im Protokolle schon dieses Siegel, mit dem später der Verschluß hergestellt wird, beschreibt, also z. B. angibt, welche Embleme oder Buchstaben es enthält.

In der bayerischen Praxis unterscheidet man nicht zwischen „Siegel und Stempel;" dem ersteren, dem Eindruck einer Type in einem besonderen, mit der Urkunde zu verbindenden Stoff, der vermöge seiner Weichheit geeignet ist, den Eindruck des Siegelzeichens aufzunehmen (Wachs, Lack, Oblate mit aufgelegtem Papierstück), wird also gleichwertig der „Stempel" d. i. der Aufdruck oder Eindruck der Type auf, beziehungsweise in das bloße Papier (sogenannte Farb- oder Trockenstempel) gegenübergestellt.

Um Beanstandungen zu vermeiden, wird es aber doch gut sein, den Verschluß wo möglich mit Lack vorzunehmen und in diesen Lack das Siegel einzudrücken.

Der Verschluß hat in jedem Falle zu erfolgen. Es kann also auch nicht vom Erblasser darauf verzichtet oder ausdrücklich die Nichtverschließung gewünscht werden.

Das Siegel kann einmal oder mehrfach angebracht werden.

Neben dem Amtssiegel kann auch der Erblasser sein Privatsiegel beidrücken.

Mit dem Protokoll sind auch die Anlagen zu verschließen:

solche Anlagen sind

a) im Falle der schriftlichen Testamentserrichtung, die den letzten Willen enthaltende Schrift;

b) im Falle der Testamentserrichtung seitens eines Stummen die Erklärung desselben, daß die übergebene Schrift seinen letzten Willen enthalte, falls er diese Erklärung auf ein besonderes Blatt geschrieben hat.

c) Im Falle der Testamentserrichtung seitens eines Sprachfremden die Übersetzung des Protokolls in die fremde, beziehungsweise in die deutsche Sprache (s. o.).

Vor der Verschließung wird der Bürgermeister gut tun, noch einmal genau zu prüfen, ob alle Förmlichkeiten erfüllt sind, insbesondere ob das Datum richtig ist, ob der Erblasser und alle Mitwirkenden unterschrieben haben, ob alle Anlagen beigefügt sind.

Der Verschluß erfolgt entweder in der Weise, daß der Protokollbogen selbst zusammengefaltet und fest zugemacht wird, oder, was noch besser ist, daß der Protokollbogen in einen undurchsichtigen Briefumschlag gelegt und dieser sodann fest zugemacht wird.

Das Siegel ist so anzubringen, daß es verlässig schließt, daß also ein Öffnen des Verschlusses nicht möglich ist.

Die mechanische Tätigkeit des Verschließens selbst braucht nicht vom Bürgermeister persönlich ausgeführt zu werden, sondern es kann auch eine andere Person das Verschließen unter der Aufsicht des Bürgermeisters vornehmen.

Zu 2: Das verschlossene Testament ist mit einer Aufschrift zu versehen und diese Aufschrift ist vom Bürgermeister zu unterzeichnen.

Die Aufschrift soll das Testament näher bezeichnen;

sie hat also die Person des Erblassers und das Datum zu bezeichnen und lautet z. B. dahin:

„Testament des Ökonomen Michael Hubmann von Unterkühbach vom 5. Januar 1904."

Die Aufschrift wird wohl in der Regel auch vom Bürgermeister selbst geschehen;

es ist dies aber nicht gerade notwendig;

dagegen ist vom Bürgermeister selbst die Aufschrift zu unterzeichnen;

seiner Unterschrift wird der Bürgermeister zweckmäßig auch seinen Amtscharakter beisetzen, um gleich äußerlich den Charakter des Dorftestaments erkennen zu lassen.

Die Unterzeichnung braucht nur durch den Bürgermeister zu erfolgen; einer Unterzeichnung seitens der anderen Mitwirkenden bedarf es nicht.

Bei der Verschließung und der Aufschrift, sowie bei der Unterzeichnung haben der Erblasser und die Mitwirkenden, beziehungsweise, soweit der Bürgermeister diesen Akt selbst vornimmt, die übrigen Mitwirkenden, also auch die etwa zugezogene Vertrauensperson oder der etwa zugezogene Dolmetscher zugegen zu sein.

Der Sinn dieser Vorschrift ist, daß die Verschließung sofort nach Abschluß des Protokolls vorgenommen wird und der Inhalt des Testaments geheim bleibt.

Die Verschließung und weitere Behandlung des Protokolls ist auch dann vorzunehmen, wenn der Erblasser in der Zwischenzeit nach seiner Unterzeichnung stirbt.

Zu 3: Der Bürgermeister hat sodann das Testament unverzüglich zur besonderen amtlichen Verwahrung an das Notariat, in dessen Bezirk sich die Gemeinde befindet, oder, falls der Erblasser Verwahrung bei einem anderen Notariat wünscht, an dieses abzuliefern; befinden sich in dem Amtsgerichtsbezirke, zu dem die Gemeinde gehört, mehrere Notariate, so hat in Ermanglung einer Bestimmung des Erblassers der Bürgermeister die Wahl.

Der Bürgermeister darf also das Testament nicht selbst behalten oder etwa dem Erblasser aushändigen.

Die Ablieferung hat sofort, d. h. ohne schuldhaftes Zögern zu erfolgen; er darf das Testament also nicht erst, wie es manchmal vorkommt, einen Tag oder noch länger bei sich liegen lassen.

Der Bürgermeister wird das Testament in der Regel durch die Post senden; außerdem muß er es persönlich abliefern; eine Übermittlung durch Boten, wie es auch bisweilen beliebt wird, ist absolut unzulässig.

Im Falle der Übersendung durch die Post ist das Testament „Eingeschrieben" zu schicken. Die Kosten hierfür hat der Bürgermeister einstweilen auszulegen; sie sind ihm von dem Erblasser, oder aus dem Nachlaß wieder zu erstatten.

Der Postaufgabeschein ist nicht dem Erblasser zu behändigen, sondern vom Bürgermeister aufzubewahren.

Bei Übersendung durch die Post erhält der Bürgermeister vom Notar eine Bestätigung des Empfangs des Testaments; auch diese Bestätigung hat er aufzuheben; dagegen hat er den „Hinterlegungsschein", wenn ihm ein solcher vom Notariat übersandt wird, dem Erblasser zu übermitteln.

Die Ablieferung des Testaments an das Notariat erfolgt zum Zwecke der besonderen amtlichen Verwahrung bis nach dem Tode des Erblassers; tritt deshalb der Fall ein, daß der Erblasser vor der Ablieferung stirbt, so wird diese Verwahrung gegenstandslos und der Bürgermeister hat deshalb dann sofort das Testament an das Nachlaßgericht, d. i. hier das Amtsgericht, in dessen Bezirk die Gemeinde liegt, zum Zwecke der Eröffnung einzusenden.

8. Kapitel.

Gültigkeitsdauer des Dorftestaments.

Das Dorftestament hat nur eine zeitlich beschränkte Gültigkeit; es verliert nämlich seine Kraft, wenn seit der Errichtung drei Monate verflossen sind und der Erblasser noch lebt.

Der Grund hierfür ist der, daß das Dorftestament den rechtlichen Charakter eines „Nottestaments" hat, daß es daher nicht erforderlich erscheint, diesem Testament auch dann noch Wirksamkeit zuzugestehen, wenn der Verfügende die Lage, welche ihn zu einer solchen Verfügung berechtigte, überlebt hat und noch ein weiterer Zeitraum verflossen ist, innerhalb dessen es dem Verfügenden möglich war, ein Testament in ordentlicher Form zu errichten.

Mit dem Ablaufe der dreimonatigen Frist, ohne daß inzwischen der Erblasser gestorben ist, tritt die Unwirksamkeit des Testaments ein, und zwar in dem Sinne, daß es als nicht errichtet gilt.

Daraus ergibt sich, daß die Unwirksamkeit des Testaments auf die Zeit der Errichtung zurückbezogen wird.

Diese Zurückbeziehung ist von Bedeutung insbesondere auch für den Fall, daß der Erblasser schon vor dem Dorftestament ein anderes Testament errichtet hatte, welches durch das Dorftestament aufgehoben worden war; dadurch, daß das Dorftestament mit dem Ablaufe der genannten Frist als nicht errichtet gilt, lebt das frühere Testament in seinem vollen früheren Umfang ohne weiteres wieder auf.

Die Frist ist aber immer in ihrem Beginn und in ihrem Laufe gehemmt, so lange der Erblasser außerstande ist, ein ordentliches öffentliches Testament (also in Bayern vor einem Notar oder in Preußen und Sachsen auch vor einem Richter) zu errichten; solche Fälle sind z. B. als gegeben zu erachten, wenn der Erblasser fortwährend so schwer krank ist, daß eine Verhandlung mit einem Notar nicht möglich ist oder wenn er infolge Ausbruchs einer Krankheit oder infolge sonst außerordentlicher Umstände in seinem Orte abgesperrt ist, daß ein Notar nicht zu ihm gelangen kann.

Es beginnt in diesen Fällen die 3monatige Frist gar nicht zu laufen, oder wenn sie schon begonnen hat und die betreffenden Hemmungsgründe erst eintreten, so wird die Zeit, während welcher die Hemmungsgründe dauern, in die Frist nicht mit eingerechnet.

Nach Ablauf der Frist ist es also, falls der Erblasser

noch lebt, so anzusehen, als wenn gar kein Testament errichtet worden wäre; will deshalb der Erblasser die im Dorftestamente getroffenen Bestimmungen aufrecht erhalten, so muß er ein völlig neues Testament errichten; er kann sich statt dessen in dem neuen Testament auch nicht mit einer bloßen Berufung auf das Dorftestament begnügen.

Eine besondere Gültigkeitsdauer des Dorftestaments greift in dem, wenn auch bei Dorftestamente nur ganz seltenen Fall einer Todeserklärung des Erblassers Platz. Da durch eine Todeserklärung die Vermutung begründet wird, daß der Verstorbene in dem Zeitpunkte gestorben ist, welcher in dem die Todeserklärung aussprechenden Urteile festgestellt wird, so ist es denkbar, daß der in dem Urteile festgestellte Todestag in die Zeit nach dem Ablaufe der dreimonatigen Frist fällt, während diese Frist zu der Zeit, zu welcher der Erblasser nach den vorhandenen Nachrichten noch lebte, noch nicht abgelaufen war.

In Berücksichtigung dieses Umstandes ist deshalb bestimmt, daß im Falle einer Todeserklärung nach Ablauf der dreimonatigen Frist das Testament gegenüber der allgemeinen Vorschrift seine Kraft behalten soll, wenn die Frist zu der Zeit, zu welcher der Erblasser den vorhandenen Nachrichten zufolge noch gelebt hat, noch nicht abgelaufen war.

☞ Es ist Pflicht des Bürgermeisters, den Erblasser auf diese zeitlich beschränkte Wirksamkeit des Dorftestaments ausdrücklich aufmerksam zu machen und er hat auch ausdrücklich diesbezügliche Feststellung im Protokolle zu treffen (s. oben des näheren Seite 43 im 6. Kapitel).

Bezüglich der **rechtlichen Bedeutung** des Dorftestaments möge noch kurz darauf hingewiesen werden, daß das Dorftestament eine öffentliche Urkunde ist, die vollen Beweis für den darin beurkundeten Vorgang liefert, daß aber anderseits nur das als verhandelt gilt, was im Protokolle festgestellt ist.

Es hat deshalb der Bürgermeister bei Verabfassung des Protokolls mit der größten Peinlichkeit und Genauigkeit zu verfahren, und insbesondere in jedem einzelnen Falle seine Zuständigkeit sorgsamst zu prüfen.

Was die Zuständigkeit anbelangt, so ist ja der Bürgermeister nur in den gesetzlich bestimmten Fällen zur Aufnahme des Testaments berechtigt, und er darf — worauf auch eine Entschließung des Kgl. Preußischen Ministers des Innern vom 10. November 1902 ausdrücklich aufmerksam machte — sonst nun und nimmer, etwa aus Gefälligkeit oder um dem Erblasser Kosten zu ersparen, zur Aufnahme eines Testaments schreiten.

Für jeden Schaden infolge fehlerhafter Testamentserrichtung ist der Bürgermeister **haftbar.**

Er ist also den im Testamente Bedachten gegenüber, falls diese etwa bei Ungültigkeit des Testaments durch mangelhafte Aufnahme Erbansprüche verlieren würden, zum Schadensersatze verpflichtet, denn der Urkundsbeamte hat den genannten Personen gegenüber die Amtspflicht, die gesetzlichen Vorschriften zu beobachten; damit sie das erhalten, was sie nach dem Willen des Erblassers erhalten sollen.

Die Haftung des Bürgermeisters ist eine sehr strenge; da er nämlich bei der Testamentsaufnahme als „Beamter" im Sinne des §. 839 BGB. handelt, so hat er auch für geringe Fahrlässigkeit einzustehen.

B.

Erbrechtlicher Abriß.

1. Kapitel.

Begriff des Testaments.

Unter einem Testament versteht man:

1. Die Urkunde, in der eine „letztwillige Verfügung" enthalten ist.

2. Diese „letztwillige Verfügung" selbst.

Eine **„letztwillige Verfügung"** ist dann gegeben, wenn eine Person einseitig über ihr Vermögen Bestimmungen trifft, die erst für die Zeit nach ihrem Tode wirken sollen.

„Einseitig" heißt hier, daß die Verfügungen allein von der betreffenden Person ausgehen, im Gegensatz zum **Erbvertrage,** bei dem eine Person eine letzwillige Anordnung auf Grund Vertrags mit einer anderen Person trifft.

Die Person, welche die „letztwillige Verfügung" trifft, heißt der Erblasser.

Das Vermögen, auf das sich die letztwillige Verfügung bezieht, ist der **„Nachlaß."**

Inhaltlich können die letztwilligen Verfügungen sehr verschieden sein: z. B. können sie Erbeseinsetzungen, Enterbungen, Vermächtnisse, Auflagen, Ernennungen von Testamentsvollstreckern, Bestimmungen über Bevormundung der Kinder, Bestellung eines Beistandes für die Frau enthalten.

Regelmäßiger Inhalt eines Testaments ist die Erbeseinsetzung:

eine solche liegt dann vor, wenn der Erblasser Jemandem sein Vermögen oder einen Bruchteil seines Vermögens, z. B. die Hälfte, ein Drittel, zuwendet.

Die Erbeseinsetzung braucht keine ausdrückliche zu sein, insbesondere ist der Gebrauch der Worte „zum Erbeinsetzen" nicht notwendig.

Der Erblasser kann Erben in beliebiger Zahl ernennen, also einen einzigen oder mehrere und er kann bei einer Mehrheit von Erben ihre Anteile gleich oder verschieden bestimmen.

Bei Einsetzung Mehrerer ohne nähere Bestimmung ihrer Anteile gelten sie als zu gleichen Anteilen eingesetzt.

Die Erbeseinsetzung kann eine bedingte oder befristete sein; ersteres ist dann der Fall, wenn die Erbeseinsetzung vom Eintritt eines bestimmten Ereignisses abhängig gemacht wird, letzteres dann, wenn die Erbeseinsetzung erst von einem bestimmten Anfangstermin an oder bis zu einem bestimmten Endtermine wirksam sein soll;

Besondere Fälle solcher Art sind die Einsetzung eines **Nacherben** und die eines **Ersatzerben: Nacherbeneinsetzung** liegt dann vor, wenn jemand erst Erbe werden soll, nachdem zuvor ein anderer Erbe geworden, z. B. in dem häufigen Falle, daß zwei Ehegatten sich gegenseitig zu Erben einsetzen, ihre Kinder aber erst nach dem Tode des letztlebenden dieser beiden Ehegatten.

Ersatzerbeneinsetzung ist dann gegeben, wenn jemand für den Fall zum Erben eingesetzt wird, daß der zunächst berufene Erbe vor oder nach Eintritt des Erbfalls wegfällt;

der Ersatzerbe tritt also ein, wenn der zunächst berufene Erbe nicht Erbe sein kann, z. B. im Falle des Todes vor dem Erblasser, oder wenn er nicht Erbe sein will, z. B. im Falle der Ausschlagung der Erbschaft;

im Zweifel gilt der Ersatzerbe für beide Fälle eingesetzt;

der Nacherbe gilt im Zweifel auch als Ersatzerbe.

Verschieden von der Erbeseinsetzung ist das **Vermächtnis**;

dieses liegt vor, wenn dem Bedachten nur einzelne Gegenstände aus dem Nachlasse zugewendet werden;

die Zuwendung als Vermächtnis braucht ebenso wie die Erbeseinsetzung nicht mit ausdrücklichen Worten zu erfolgen und sie kann ebenso wie diese bedingt oder befristet sein.

Die Besonderheiten des Vermächtnisses im Gegensatze zur Erbeseinsetzung bestehen insbesondere darin, daß der Bedachte nicht ein unmittelbares Recht auf den vermachten Gegenstand erhält, sondern lediglich ein Forderungsrecht gegen den Erben, dem sogenannten Beschwerten, auf Leistung des vermachten Gegenstandes hat und daß der Vermächtnisnehmer nicht an der Schuldenhaftung, wie der Erbe, teilnimmt.

Gegenstand des Vermächtnisses kann alles sein, was Gegenstand des vermögensrechtlichen Verkehrs ist, also sowohl individuelle, wie der Gattung nach bestimmte Sachen, Geld, Forderungen, Schulderlasse.

Ein Vermächtnis kann auch den Erben selbst zugewandt werden (sogenanntes Vorausvermächtnis).

Verschieden von Erbeseinsetzung und Vermächtnis ist die Auflage:

sie ist die Verfügung einer Leistung, ohne daß der andere einen selbständigen Anspruch auf die Leistung hat, z. B. die Bestimmung, daß alljährlich am Grabe des Erblassers ein Trauermarsch geblasen wird.

2. Kapitel.

Testiermacht.

Die Verfügungsmacht des Erblassers über seinen Nachlaß ist keine unbegrenzte: sie ist insbesondere beschränkt durch das sogenannte **Pflichtteilsrecht.**

Dieses besteht darin, daß gewisse nächste Verwandte des Erblassers, ohne Rücksicht auf entgegenstehende Verfügungen des Erblassers, einen Teil des Erbschaftswerts (Pflichtteils) für sich beanspruchen können.

Diese Pflichtteilsberechtigten sind:

a) Die Abkömmlinge (Kinder, Enkel, Urenkel 2c.) des Erblassers,

b) die Eltern des Erblassers,

c) der Ehegatte des Erblassers;

die Abkömmlinge und der Ehegatte aber auch dann nicht, wenn ein Abkömmling, der sie im Falle der gesetzlichen Erbfolge ausschließen würde, den Pflichtteil verlangt oder das ihm hinterlassene annimmt, also nur im Falle sie seine gesetzlichen Erben gewesen sein würden.

Pflichtteilsrecht haben also jetzt die Großeltern und die Geschwister des Erblassers nicht mehr.

Der Pflichtteil beträgt die Hälfte des Wertes des gesetzlichen Erbteils, also des Erbteils, den der Pflichtteilsberechtigte erhalten würde, wenn keine letztwillige Verfügung vorläge; der Pflichtteilsberechtigte hat nur ein **Forderungsrecht** auf diesen Wertsbetrag;

bei Verletzung seines Pflichtteils durch letztwillige Verfügung muß er sich demnach mit der Auszahlung eines entsprechenden Geldbetrags begnügen und kann er nicht mehr das Testament überhaupt als nichtig anfechten und umstoßen.

Auch der Pflichtteilsanspruch ist kein absoluter, da der Erblasser den Berechtigten den Pflichtteil unter gewissen Voraussetzungen ganz oder teilweise entziehen kann.

Die Entziehungsgründe sind verschieden, je nachdem die Pflichtteilsberechtigten Abkömmlinge, Eltern oder der Ehegatte sind;

sie beruhen alle auf der Annahme eines Verschuldens seitens des Pflichtteilsberechtigten;

sie sind aber gesetzlich festgelegt und können nicht analog auf andere Fälle angewandt werden.

a) **Entziehungsgründe gegenüber Abkömmlingen:**

1. **Nachstellungen nach dem Leben** des Erblassers, seines Ehegatten oder eines anderen Abkömmlings des Erblassers;

die Handlungen brauchen sich jedoch nicht als strafbarer Mord- oder Todschlagsversuch darzustellen;

anderseits genügt auch, wenn der Pflichtteilsberechtigte als Mittäter, Anstifter oder Gehilfe an der Lebensnachstellung teilgenommen hat;

in welchem Verhältnisse der Pflichtteilsberechtigte zum Ehegatten oder anderen Abkömmlingen steht, ist gleichgültig;

es fallen also auch Lebensnachstellungen gegenüber dem Stiefvater, der Stiefmutter oder den Stiefgeschwistern darunter.

2. **Vorsätzliche körperliche Mißhandlung** des Erblassers oder dessen Ehegatten, letzterenfalls jedoch nur, wenn der Abkömmling von diesem abstammt.

Mißhandlungen solcher Art gegen die Stiefmutter genügen also, wenn der Erblasser der Vater ist, nicht.

Die Mißhandlungen müssen vorsätzliche sein; sie müssen also mit Absicht und mit dem Bewußtsein der Rechtswidrigkeit begangen sein;

ferner müssen sie körperliche sein; Beleidigungen, grobe Schmähungen der Ehre genügen also nicht;

andrerseits brauchen die Mißhandlungen keine schweren oder gefährliche zu sein.

3. **Verbrechen** oder schweres vorsätzliches **Vergehen** gegen den Erblasser oder dessen Ehegatten.

Wann ein Verbrechen gegeben ist, ist nach den allgemeinen strafgesetzlichen Bestimmungen zu beurteilen, während das Vorliegen eines „schweren vorsätzlichen Vergehens" jeweils nach richterlichem Ermessen zu bestimmen ist.

4. **Böswillige Verletzung der** dem Pflichtteilsberechtigten dem Erblasser gegenüber obliegenden **Unterhaltspflicht**;

eine solche liegt nur dann vor, wenn der Abkömmling absichtlich den Unterhalt entzieht, obwohl er zu dessen Leistung ohne eigene Beeinträchtigung imstande ist.

5. **Ehrloser oder unsittlicher Lebenswandel** des Abkömmlings wider Willen des Erblassers z. B. gewerbsmäßige Unzucht, Landstreicherei, unverbesserliche Trunksucht, Spielwut;

mit dem schlechten Lebenswandel darf also der Erblasser nicht einverstanden sein, sei es ausdrücklich, sei es stillschweigend durch einen gleichen Lebenswandel;

ob im einzelnen Falle ein solch anrüchiger Lebenswandel gegeben ist, wird sich natürlich immer nach den allgemeinen Anschauungen richten; jedoch möge bemerkt werden, daß eine nicht standesgemäße Heirat gegen den Willen der Eltern nicht darunter fällt.

Der letztgenannte Entziehungsgrund entfällt aber, wenn der Pflichtteilsberechtigte zur Zeit des Todes des Erblassers den schlechten Lebenswandel dauernd aufgegeben hat; natürlich muß die Aufgabe eine freiwillige, keine zwangsweise, z. B. bei Internierung in einer Strafanstalt, sein.

b) **Entziehungsgründe gegenüber Eltern:**

1. **Nachstellungen nach dem Leben** des Erblassers oder seines Ehegatten oder seiner Abkömmlinge.

2. **Verbrechen** oder schweres vorsätzliches Vergehen gegen den Erblasser oder dessen Ehegatten.

3. **Böswillige Verletzung der** ihnen dem Erblasser gegenüber gesetzlich obliegenden **Unterhaltspflicht.**

Körperliche Mißhandlung seitens der Eltern sind also an sich — wenn sie nicht auch gleich ein Verbrechen oder schweres vorsätzliches Vergehen darstellen — in Rücksicht auf das elterliche Züchtigungsrecht, kein Entziehungsgrund, ebensowenig schlechter Lebenswandel.

Das Entziehungsrecht kann natürlich nur immer gegen denjenigen Elternteil angewandt werden, der sich der obigen Verfehlungen schuldig macht.

c) **Entziehungsgründe gegenüber den Ehegatten:**

1. **Ehebruch** oder eine nach §§ 171, 175 des Strafgesetzbuchs strafbare Handlung, sofern nicht der Erblasser dem Ehebruch oder den strafbaren Handlungen zugestimmt oder sich der Teilnahme hiervon schuldig gemacht hat.

2. **Nachstellungen nach dem Leben.**

3. **Bösliche Verlassung.**

Diese ist aber nicht schon gegeben, wenn der Ehegatte

sich eine Zeitlang fern hält, sondern erst dann, wenn der Ehegatte, nachdem er zur Herstellung der häuslichen Gemeinschaft rechtskräftig verurteilt worden ist, ein Jahr lang gegen den Willen des anderen Ehegatten in böslicher Absicht dem Urteile nicht Folge geleistet hat, oder wenn der Ehegatte sich ein Jahr lang gegen den Willen des anderen Ehegatten in böslicher Absicht von der häuslichen Gemeinschaft fern gehalten hat und die Voraussetzungen für die öffentliche Zustellung seit Jahresfrist gegen ihn bestanden haben.

4. **Schwere Verletzung der** durch die Ehe begründeten **Pflichten** oder ehrloses oder **unsittliches Verhalten,** wodurch eine so tiefe Zerrüttung des ehelichen Verhältnisses vom Ehegatten verschuldet wird, daß dem anderen Ehegatten die Fortsetzung der Ehe nicht mehr zugemutet werden kann.

Als „schwere Verletzungen" im obigen Sinne gelten auch grobe Mißhandlungen.

Die obigen Entziehungsgründe, die auch Scheidungsgründe sein können, können auch noch nach Ablauf der für die Erhebung der Scheidungsklage gestellten Frist geltend gemacht werden.

Das Recht auf Entziehung des Pflichtteils entfällt, wenn der Erblasser dem Pflichtteilsberechtigten seine Verfehlung verziehen hat.

Eine Art der Pflichtteilsentziehung ist die **Beschränkung** des **Pflichtteils in guter Absicht.**

Diese kann bestehen

a) in der Anordnung, daß nach dem Tode eines **Abkömmlings** dessen gesetzliche Erben das ihm Hinterlassene oder den ihm gebührenden Pflichtteil als Nacherben oder Nachvermächtnisnehmer nach dem Verhältnis ihrer gesetzlichen

Erbteile erhalten sollen, also in der Anordnung einer Nacherbfolge, bezw. eines Nachvermächtnisses, oder

b) darin, daß der Erblasser für die Lebenszeit eines Abkömmlings die Verwaltung einem Testamentsvollstrecker überträgt und der Abkömmling nur den Anspruch auf den jährlichen Reinertrag erhält.

Zweck ist bei der Pflichtteilsbeschränkung im Gegensatze zur Pflichtteilsentziehung, die eine Strafe für begangene Verfehlungen darstellen soll, die Fürsorge um die Erhaltung des Vermögens für den Pflichtteilsberechtigten und seine Familie.

Ihr Grund kann sein, Verschwendung oder Überschuldung des Abkömmlings und zwar in einem solchen Maße, daß sein späterer Erwerb erheblich gefährdet wird.

Die Beschränkung des Pflichtteils kann sich immer nur gegen einen Abkömmling richten und sie kann immer nur in den obigen Maßnahmen bestehen, die allenfalls auch mit einander verbunden werden können.

Die Beschränkung verliert wieder ihre Wirksamkeit, wenn zur Zeit des Erbfalls der Abkömmling sich dauernd von dem verschwenderischen Leben abgewendet hat oder wenn die den Grund der Anordnung bildende Überschuldung nicht mehr besteht.

Dagegen besteht die Beschränkung auch bei inzwischen erfolgter Verzeihung fort.

3. Kapitel.

Die gesetzliche Erbfolge.

Das Testament schafft gewillkürte (nach freiem Willen des Erlassers festgestellte) Erbfolge; ihr Gegensatz ist die **gesetzliche** Erbfolge; diese tritt dann ein, wenn der Erblasser keine Verfügung von Todes wegen errichtet hat.

Die gesetzliche Erbfolge stellt, wie wir oben gesehen, der gewillkürten gewisse Schranken; es folgt deshalb von der gesetzlichen Erbfolge eine kurze Darstellung.

Die Erbfolgeordnung des Bürgerlichen Gesetzbuchs beruht auf dem Grundgedanken der **Blutsverwandtschaft** und darauf, daß die Blutsverwandten hinter einander in Ordnungen zur Erbschaft berufen werden.

Unter einer „**Ordnung**" versteht man die Gesamtheit derjenigen, welche von einer bestimmten Person oder einem Vorfahren derselben abstammen, einschließlich des betreffenden Vorfahren selbst.

Innerhalb der Ordnungen sind wieder die Stämme der Verwandten zu unterscheiden;

unter „**Stämmen**" versteht man die Reihen der von einem Stammvater abstammenden Nachkommen;

die Stämme selbst spalten sich wieder fortgesetzt in Unterstämme.

Die Reihenfolge dieser Ordnungen geht selbst wieder von dem Gedanken aus, daß Verwandte, welche mit dem Erblasser die näheren Stammeseltern gemeinsam haben, solche Verwandte ausschließen sollen, welche durch entferntere Stammeseltern mit dem Erblasser verbunden sind, mit anderen Worten, ein Verwandter einer späteren Ordnung ist so lange nicht zur Erbfolge berufen, als ein Verwandter einer vorhergehenden Ordnung vorhanden ist.

Die Zahl der Ordnungen ist eine unbegrenzte; das Bürgerliche Gesetzbuch selbst regelt des näheren aber bloß die vier ersten Ordnungen.

1. Gesetzliche Erben der **ersten** Ordnung sind nun die **Abkömmlinge** des Erblassers.

Unter „Abkömmlingen" versteht man die Kinder des Erblassers und deren weitere Nachkommen.

Erbberechtigt sind zunächst die ehelichen Abkömmlinge, d. h. diejenigen, die aus einer Ehe des Erblassers, beziehungsweise der eines ehelichen Kindes stammen.

Uneheliche Kinder sind nur der Mutter gegenüber erbberechtigt;

mit ihrem Vater gelten sie als nicht verwandt und sie haben infolgedessen auch diesem sowie dessen Verwandten gegenüber kein Erbrecht; umgekehrt haben natürlich auch der Vater und dessen Verwandte kein Erbrecht in den Nachlaß des unehelichen Kindes.

Brautkinder werden wie die unehelichen Kinder behandelt; sie beerben also lediglich ihre Mutter und deren Verwandte, nicht auch ihren Erzeuger und dessen Verwandte.

Dagegen gelten uneheliche Kinder, die durch nachfolgende Ehe ihrer Eltern legitimiert wurden, als eheliche und haben demgemäß ganz das gleiche Erbrecht wie die in der Ehe geborenen Kinder.

Die für ehelich erklärten Kinder und deren Abkömmlinge haben ein Erbrecht in den Nachlaß ihres Vaters und dieser umgekehrt in deren Nachlaß;

kein Erbrecht besteht aber zwischen dem für ehelich erklärten Kinde und dessen Abkömmlingen einerseits und den Verwandten seines Vaters anderseits.

Die **adoptierten** Kinder haben ein Erbrecht gegenüber dem, der sie an Kindes Statt annimmt; nicht aber umgekehrt auch dieser.

Das Erbrecht der adoptierten Kinder gegenüber ihren leiblichen Eltern besteht aber daneben weiter.

Eingekindschaftete Kinder gibt es nach dem Bürgerlichen Gesetzbuche nicht.

Bezüglich des Erbfolgeverhältnisses mehrerer Abkömmlinge ist im einzelnen folgendes zu bemerken:

a) entferntere Abkömmlinge gelangen nicht zur Erbschaft, wenn zur Zeit des Erbfalls derjenige nähere Abkömmling noch lebt, durch den sie mit dem Erblasser verwandt sind;

es erbt also der Enkel nicht, wenn sein Vater noch lebt;

b) an die Stelle eines näheren, zur Zeit des Erbfalls verstorbenen Abkömmlings, treten die durch ihn mit dem Erblasser verwandten Abkömmlinge; dies ist das sogenannte Eintrittsrecht;

es treten die späteren Abkömmlinge in die „Fußstapfen“ der näheren vor ihnen weggefallenen, so daß also der Enkel, dessen Vater bereits gestorben ist, neben seinem Onkel erbt; hat der weggefallene Abkömmling mehrere Kinder, so erben diese zusammen seinen Anteil; dies ist die Erbfolge nach Stämmen;

c) Kinder erben zu gleichen Teilen:

es sind also die Abkömmlinge einander erbrechtlich gleichgestellt und zwar auch in der Beerbung nach Stämmen; eine Bevorzugung des Mannesstamms findet nicht statt.

2. Gesetzliche Erben der **zweiten** Ordnung sind die **Eltern** und **deren Abkömmlinge**, also die **Geschwister** und **Geschwisterkinder** des Erblassers, jedoch mit folgendem Abmaße:

a) Leben zur Zeit des Todes beide Eltern des Erblassers, so erben sie allein unter Ausschluß der Geschwister und Geschwisterkinder;

b) Ist einer der Elternteile beim Erbfalle schon gestorben, so treten an seine Stelle dessen Abkömmlinge, das sind zunächst die Geschwister des Erblassers (seine Neffen, Großneffen 2c.), und zwar ist es gleichgültig, ob sie vollbürtige oder halbbürtige sind und im Falle des Todes der Mutter auch die etwaigen unehelichen Geschwister.

Der Eintritt der Abkömmlinge an die Stelle ihres verstorbenen Elternteils vollzieht sich nach den für die Beerbung in der ersten Ordnung geltenden Vorschriften, d. h. die Geschwister des Erblassers als Abkömmlinge der Eltern oder des einen oder anderen Elternteils erben zu gleichen Teilen und an Stelle weggefallener Geschwister treten wieder deren Abkömmlinge;

c) sind beim Tode eines Elternteils keine Abkömmlinge desselben vorhanden, so erbt der überlebende Elternteil allein;

d) sind beide Eltern verstorben, so erben die Geschwister des Erblassers allein;

e) sind unter diesen Geschwistern halbbürtige, d. h. solche, die nur einen Elternteil gemeinsam haben, so nehmen diese nur an der einen Hälfte teil, während die vollbürtigen Geschwister, d. h. also die Kinder derselben Eltern an der einen und anderen Hälfte teilnehmen.

3. Gesetzliche Erben der **dritten** Ordnung sind die **Großeltern** des Erblassers und deren Abkömmlinge (Onkel, Tanten, Vettern, Cousinen rc.), jedoch mit folgendem Abmaße:

a) Leben zur Zeit des Erbfalls alle vier Großeltern, so erben diese allein;

b) lebt zur Zeit des Erbfalls ein Großelternteil nicht mehr, so treten an dessen Stelle seine Abkömmlinge;

c) sind solche Abkömmlinge nicht vorhanden, so fällt der Anteil des weggefallenen Großelternteils dem anderen Großelternteil derselben Linie, und wenn auch dieser nicht mehr lebt, seinen Abkömmlingen zu;

d) sind von dem verstorbenen Großelternpaar gar keine Abkömmlinge mehr vorhanden, so erbt das andere Großelternpaar;

e) ist auch dieses nicht mehr vorhanden, so erben seine Abkömmlinge.

Auch in der dritten Ordnung gilt wie in der zweiten, daß, soweit Abkömmlinge an die Stelle ihrer Eltern oder ihrer Voreltern treten, die Vorschriften für die Beerbung in der ersten Ordnung Anwendung finden, d. h. die näheren Abkömmlinge schließen die entfernteren aus und die gleich nahen erben zu gleichen Teilen.

4. Gesetzliche Erben der **vierten** Ordnung sind die **Urgroßeltern** und deren **Abkömmlinge** mit dem Abmaße:

a) Leben beim Erbfall Urgroßeltern, gleichgültig, ob alle oder einige oder nur ein Urgroßelternteil, so erben sie allein und zwar mehrere zu gleichen Teilen, ohne Unterschied, ob sie derselben Linie angehören oder nicht,

ein Urgroßelternteil kann also nicht nur seine eigenen Abkömmlinge, sondern auch die der anderen bereits verstorbenen Urgroßeltern ausschließen;

b) leben keine Urgroßeltern, so erben ihre Abkömmlinge, und zwar so, daß jede nähere Generation die entferntere ausschließt, während mehrere gleich nahe Verwandte zu gleichen Teilen erben.

5. Gesetzliche Erben der **fünften** und der **folgenden** Ordnungen sind die entfernteren Voreltern und deren Abkömmlinge.

Hiernach ist das Verwandtenerbrecht ein unbegrenztes und ist also auch der entfernteste Verwandte des Erblassers an sich zur Erbschaft berufen; es gilt aber auch hier der Satz, daß der nächste erbfähige Verwandte alle entfernteren ausschließt.

Eine Grenze wird diesem Verwandtenerbrechte nur durch das gesetzliche Erbrecht des überlebenden Ehegatten gesetzt.

4. Kapitel.

Die gesetzliche Gattenerbfolge.

I. Ist der Erblasser verheiratet gewesen, so kommt dem überlebenden Ehegatten ein gesetzliches Erbrecht in den Nachlaß des Verstorbenen zu.

Dieses Erbrecht ist aber verschieden, je nachdem neben dem überlebenden Ehegatten gewisse Verwandte des Erblassers zur Erbschaft berufen sind oder nicht;

im ersteren Falle ist er Miterbe neben den Verwandten, im letzteren Falle Alleinerbe.

1. Zum ersteren Falle:

der Erbteil des Ehegatten ist

a) neben Verwandten der ersten Ordnung: ein Viertel der Erbschaft und zwar gleichgültig, ob viele oder wenige Abkömmlinge vorhanden sind;

b) neben Verwandten der zweiten Ordnung: die Hälfte der Erbschaft;

gehört der überlebende Ehegatte selbst zu diesen Verwandten, also z. B. wenn er ein Geschwisterkind des Verstorbenen ist, so erbt er außerdem noch als Verwandter mit; es tritt zu seinem Gattenerbteile noch der Verwandtenerbteil hinzu und zwar gilt dieser als besonderer Erbteil;

c) neben Verwandten der dritten Ordnung, soweit dies Großeltern sind, ebenfalls die Hälfte der Erbschaft.

Die anderen Verwandten der dritten Ordnung kommen neben dem Ehegatten nicht in Betracht, da die andere Hälfte der Erbschaft nur den Großeltern selbst zukommen soll;

soweit Großeltern ausfallen, treten daher, einem Ehegatten gegenüber, nicht ihre Abkömmlinge an ihre Stelle und es wächst auch der Anteil der weggefallenen Großeltern nicht den noch vorhandenen zu, sondern, was Großeltern nicht erworben, fällt alles an den Ehegatten; dieser schließt somit Oheime, Tanten, Vettern und Basen des Erblassers aus.

2. Zum letzteren Falle:

sind weder Verwandte der beiden ersten Ordnungen, noch Großeltern zur Erbschaft berufen, so erbt der überlebende Ehegatte allein.

II. Eine gewisse Änderung erleidet diese Erbfolge, wenn zwischen den Ehegatten der Güterstand der allgemeinen Gütergemeinschaft oder Fahrnisgemeinschaft bestanden hat und nach dem Ableben des einen Ehegatten fortgesetzte Gütergemeinschaft eintritt und zwar hat diese dann statt, wenn beim Tode des einen Ehegatten gemeinschaftliche Abkömmlinge vorhanden sind:

in diesem Falle setzt nämlich nach dem Gesetze der überlebende Ehegatte mit den gemeinschaftlichen Abkömmlingen, die bei gesetzlicher Erbfolge zu Erben berufen sind, die bisher zwischen den Ehegatten bestandene Gütergemeinschaft fort;

bei Eintritt dieser fortgesetzten Gütergemeinschaft gehört aber der Anteil des verstorbenen Ehegatten am Gesamtgute nicht zu seinem Nachlaß und die Folge ist, daß auch an diesen Anteil am Gesamtgute keine Erbfolge statt hat;

jedoch nur der Anteil des verstorbenen Ehegatten am Gesamtgute bildet keinen Nachlaß; das übrige Vermögen des Verstorbenen, etwaiges Vorbehaltsgut oder Sondergut, gehört schon zu seinem Nachlaß und eröffnet sich deshalb auch in dieses die Erbfolge.

Dagegen tritt auch bei bestandener ehelicher Gütergemeinschaft die gewöhnliche Erbfolge dann ein, wenn zwischen dem überlebenden Ehegatten und den Abkömmlingen die Gütergemeinschaft nicht fortgesetzt wird.

Dies ist der Fall:

1. wenn keine gemeinschaftlichen Abkömmlinge der beiden Ehegatten vorhanden sind, also wenn aus ihrer Ehe keine Kinder oder wenn nur Kinder aus einer früheren Ehe der Ehegatten oder uneheliche Kinder da sind, oder

2. wenn die Fortsetzung der Gütergemeinschaft durch seinerzeitigen Ehevertrag ausgeschlossen ist, oder

3. wenn der verstorbene Ehegatte die Fortsetzung der Gütergemeinschaft letztwillig ausgeschlossen hat, oder

4. wenn der überlebende Eheteil die Fortsetzung der Gütergemeinschaft abgelehnt hat.

III. Außer seinem obigen Erbteil kommt dem überlebenden Ehegatten noch unter Umständen der „Voraus" zu.

1. Gegenstand des „Voraus" sind die Sachen, die zum ehelichen Haushalte gehört haben und die Hochzeitsgeschenke.

Ob und inwieweit eine Sache zum ehelichen Haushalte gehört, ist nach Lage des einzelnen Falles zu beurteilen; nur soweit solche Sachen Zubehör eines Grundstücks sind, scheiden sie schon nach gesetzlicher Vorschrift als „Voraus" aus.

Bezüglich der Hochzeitsgeschenke macht es keinen Unterschied, von welcher Seite sie gegeben wurden; was Hochzeitsgeschenke sind, ist jeweils tatsächlich zu prüfen, zu bemerken ist aber, daß Ausstattung kein Hochzeitsgeschenk ist.

2. Der „Voraus" kommt aber dem überlebenden Ehegatten nur dann zu, wenn keine Verwandten der ersten Ordnung als Erben des Verstorbenen vorhanden sind;

Abkömmlingen des Erblassers gegenüber hat also der überlebende Ehegatte keinen Anspruch auf den „Voraus".

3. Der „Voraus" wird rechtlich als Vermächtnis behandelt, d. h. der überlebende Ehegatte wird nicht ohne weiteres durch den Erbfall Eigentümer der zum Voraus ge-

hörigen Gegenstände, sondern er hat nur ein Forderungsrecht hierauf gegenüber den Miterben.

4. Der Erblasser kann durch letztwillige Verfügung den Anspruch hierauf einschränken oder ganz entziehen und zwar kann dies ausdrücklich oder stillschweigend, durch anderweitige Verfügung über die Vorausgegenstände, erfolgen.

5. Bei Unzulänglichkeit des Nachlasses muß der Voraus mit zur Deckung der Nachlaßverbindlichkeiten herhalten.

Zu bemerken ist aber, daß der „Voraus" nicht auf den Erbteil des Ehegatten angerechnet wird, sondern daß er von der Erbschaft vorweg in Abzug kommt und daß erst dann die Erbschaft unter dem Ehegatten und den anderen Miterben geteilt wird.

IV. Das Erbrecht des Ehegatten und damit auch dessen Anspruch auf den „Voraus" entfällt:

wenn vom Erblasser gegen den überlebenden Ehegatten Klage auf Scheidung oder Aufhebung der ehelichen Gemeinschaft zur Zeit seines Todes gestellt und mit Recht auf ein Verschulden des überlebenden Ehegatten gegründet ist.

Der Grund hierfür ist das Rechtsgefühl und die Rücksicht auf den mutmaßlichen Willen des verstorbenen Ehegatten, dem das Erbrecht des überlebenden Ehegatten in einem solchen Falle widerstreiten würde, da durch die Klagestellung der Erblasser die Absicht bekundet, die eheliche Verbindung mit dem überlebenden Ehegatten und damit dessen Erbrecht aufzuheben.

Das Recht auf Scheidung wegen Verschulden des anderen Ehegatten zu klagen, steht einem Ehegatten nur dann zu:

1. wenn der andere Ehegatte sich des Ehebruchs schuldig gemacht hat,

2. wenn der andere Ehegatte eine nach §§ 171, 175 des Strafgesetzbuchs strafbare Handlung (Bigamie, widernatürliche Unzucht) begangen hat,

3. wenn der andere Teil ihm nach dem Leben trachtet

4. wenn der andere Ehegatte ihn böslich verlassen hat (über den Begriff der „böslichen Verlassung" siehe Seite 65 unter c).

5. wenn der andere Ehegatte durch schwere Verletzung der durch die Ehe begründeten Pflichten, insbesondere grobe Mißhandlungen, Bedrohungen, Beschimpfungen oder durch ehrloses oder unsittliches Verhalten, entehrende Verbrechen, Trunksucht das eheliche Verhältnis so tief zerrüttet hat, daß dem Ehegatten die Fortsetzung der Ehe nicht zugemutet werden kann.

Aus denselben Gründen wie auf Scheidung kann auf Aufhebung der ehelichen Gemeinschaft geklagt werden;

es ist dies von Bedeutung für solche Ehegatten, welche aus religiösen oder anderen Gründen die Scheidungsklage nicht erheben wollen.

V. Ist der überlebende Ehegatte zugleich Verwandter des Erblassers (z. B. Geschwisterkind), so hat er noch als Verwandter sein besonderes Erbrecht, auf welches die obigen Regeln über den Gattenerbteil keine Anwendung finden.

5. Kapitel.

Die Testierfähigkeit.

1. Die Testierfähigkeit, das ist die Fähigkeit zur Errichtung letztwilliger Verfügungen, bestimmt sich im allgemeinen nach der Geschäftsfähigkeit, jedoch sind Minderjährige nach Vollendung des 16. Lebensjahres testierfähig.

Die Testierfähigkeit fehlt sonach gänzlich:

a) Geisteskranken,

b) Personen, die sich im Zustande der Bewußtlosigkeit oder vorübergehenden Störung der Geistestätigkeit befinden (z. B. Betrunkenen, schweren Kranken),

c) Entmündigten, gleichviel aus welchem Grunde die Entmündigung erfolgte, ob wegen Geisteskrankheit, Geistesschwäche, Verschwendung oder Trunksucht, jedoch können sie die von ihnen vormals, in der Zeit voller Testierfähigkeit getroffenen letztwilligen Verfügungen rechtswirksam widerrufen,

d) Minderjährigen bis zum vollendeten 16. Lebensjahr.

Alle anderen Personen sind testierfähig.

2. Die Testierfähigkeit muß zur Zeit der Errichtung der letztwilligen Verfügung vorhanden sein;

eine erst nachträglich eintretende Testierfähigkeit ist unbehelflich, ebenso wie anderseits der nachträglich eintretende Wegfall derselben von Bedeutung ist.

Die Testierfähigkeit für sich allein genügt; es braucht also ein Minderjähriger über 16 Jahre nicht die Zustimmung seines Gewalthabers, desgleichen auch nicht eine Ehefrau die Zustimmung ihres Mannes zur Testamentserrichtung.

Der Testierakt, die Errichtung der letztwilligen Verfügung selbst, kann nur von dem Erblasser in Person geschehen;

es ist also jede Stellvertretung hierbei ausgeschlossen; es kann demnach auch nicht der Vater für seinen minderjährigen Sohn, der Vormund für sein Mündel testieren.

Regel ist, daß jeder Erblasser für sich allein testiert;

von Mehreren gemeinsam kann eine Verfügung von Todes wegen entweder in einem gemeinschaftlichen Testament oder in einem Erbvertrage getroffen werden, ein gemeinschaftliches Testament können aber nur Ehegatten errichten (siehe näheres hierüber Seite 95 § 2266); auch nur diese können deshalb gemeinschaftlich in einem Dorftestament testieren, da für die Errichtuug eines Erbvertrags der Gemeindevorsteher nicht zuständig ist.

6. Kapitel.

Die Testierform.

Die Form der Testamentserrichtung ist entweder die ordentliche oder die außerordentliche.

Die ordentliche Form des Testaments ist:

1. die der Errichtung vor einem Notar oder wie in Preußen und Sachsen vor einem Richter oder Notar,
2. die der Errichtung durch eigenhändige Niederschrift.

Die außerordentliche Form des Testaments ist:

1. die der Errichtung vor dem Gemeindevorsteher,
2. die durch mündliche Erklärung vor drei Zeugen.

Das Dorftestament ist also eine außerordentliche Form der Testamentserrichtung.

C.

Beispiele.

1.

Untersdorf, den 3. August 1903.

Gegenwärtig:

Gewöhnliches mündliches Testament.

Schramm, Georg, Bürgermeister

Ebner, Johann
Leibold, Peter } als Zeugen.

Heute, habe ich, Georg Schramm, Bürgermeister in Untersdorf, mich auf Ansuchen in das Haus Nr. 16 in Untersdorf begeben und dortselbst die mir persönlich bekannte

Austräglerin Walburga Gietl, geborene Meier, Gütlerswitwe in Untersdorf

angetroffen.

Dieselbe ersuchte mich um Errichtung ihres Testaments, da sie so krank sei, daß sie nicht mehr zu leben fürchte, bis der Notar komme.

Walburga Gietl liegt im Bette und ist offenbar schwer leidend, und, wie ich mich überzeugte, ist wirklich zu besorgen, daß sie ein Testament vor einem Notar nicht mehr machen könne.

Ich habe mich deshalb zur Testamentsaufnahme bereit erklärt, nachdem ich mich auch aus dem mit ihr geführten eingehenden Gespräche überzeugte, daß sie im vollen Besitz ihrer Geisteskräfte sei.

Als Zeugen habe ich die obengenannten Johann Ebner und Peter Leibold beigezogen.

Dieselben sind mir persönlich bekannt und sind dieselben auch in jeder Beziehung einwandsfrei.

Walburga Gietl erklärte sodann mündlich:

„Zu meiner alleinigen Erbin setze ich, nachdem mein Mann und meine eigenen Kinder bereits gestorben sind, die Tochter meiner Schwester Barbara Huber, geborene Wild, Gütlersfrau in Reisenau

meine Nichte und Patin Walburga Huber, zur Zeit bei mir,

ein, da dieselbe schon seit geraumer Zeit mich wartet und pflegt.

Des Weiteren vermache ich:

a) 50 Mark der Dienstmagd
Kreszenz Müller in Altershof,

b) meine Truhe dem Gütlerssohn
Sebastian Huber in Untersdorf."

Dies ist mein freier, wohlüberlegter, letzter Wille, dem ich nichts mehr beizusetzen habe."

Ich machte die Erblasserin ausdrücklich darauf aufmerksam, daß das Testament seine Kraft verliere, wenn sie nicht innerhalb drei Monaten, nachdem sie wieder imstande sei, vor dem Notar ein Testament zu machen, die Testamentserrichtung vor einem Notar wiederhole.

Die ganze Verhandlung wurde gepflogen in steter Gegenwart der oben aufgeführten Personen.

Hierauf wurde das Protokoll von mir, Bürgermeister selbst, vorgelesen, von der Erblasserin genehmigt und zur

Bestätigung von dieser, den beiden Zeugen und mir, Bürgermeister selbst, unterschrieben, wie folgt:

Walburga Gietl
Johann Ebner
Peter Leibold
Georg Schramm, Bürgermeister.

2.

Dietenbach, den 12. Dezember 1903.

Gegenwärtig:
Singer, Konrad, Bürgermeister
Stammler, Georg } als Zeugen.
Simon, Johann Andreas }

Gewöhnliches schriftliches Testament.

Heute begab ich, Bürgermeister Konrad Singer in Dietenbach, mich auf Ansuchen in die zur Gemeinde Dietenbach gehörige Einöde „Königsmühle."

Dortselbst traf ich den mir persönlich bekannten

Müller Gustav König von Königsmühle.

Derselbe lag krank zu Bette, erklärte mir, er habe einen Schlaganfall erlitten, und glaube das Eintreffen eines Notars nicht mehr zu erleben, und ersuchte um Aufnahme seines Testaments.

Ich überzeugte mich davon, daß Gustav Müller wirklich schwer krank ist und wirklich zu besorgen ist, daß er das Eintreffen eines Notars nicht mehr erlebt.

Ich erklärte mich deshalb zur Testamentsaufnahme bereit und zog die mir persönlich bekannten, in jeder Beziehung einwandsfreien Personen, nämlich:

den Schmied Georg Stammler und den
Gemeindehirten Johann Andreas Simon,

beide in Dietenberg,

als Zeugen bei.

Gustav König übergab die diesem Protokoll als Anlage beigefügte verschlossene Schrift mit der mündlichen Erklärung, daß diese Schrift seinen letzten Willen enthalte.

Die Schrift trug die Aufschrift:

„Hierin befindet sich mein Testament Gustav König" und war auf der Rückseite mit einem Lacksiegel verschlossen, in das die Buchstaben „G. K." eingedrückt waren.

Der Erblasser wurde von mir darüber belehrt, daß das Testament seine Kraft verliere, wenn er nicht innerhalb drei Monaten, nachdem er wieder im Stande sei, vor dem Notar ein Testament zu machen, die Testamentserrichtung vor einem Notar wiederhole.

Die ganze Verhandlung wurde gepflogen in steter Gegenwart der oben aufgeführten Personen.

Hierauf wurde das Protokoll von mir, Bürgermeister selbst, vorgelesen, von dem Erblasser genehmigt und zur Bestätigung von diesem, den Zeugen und mir, Bürgermeister selbst, eigenhändig, wie folgt, unterschrieben:

Gustav König
Georg Stammler
Johann Andreas Simon
Konrad Singer, Bürgermeister.

3.

Windsberg, den 4. Juli 1903.

Testament eines dem Bürgermeister Unbekannten und Schreibensunfähigen.

Gegenwärtig:
Forster, Michael, Bürgermeister
Leykam, Balthasar } als Zeugen.
Unfried, Georg }

Ich, Bürgermeister Michael Forster in Windsberg, wurde heute in das Haus Nr. 1 in Windsberg gerufen.

Dortselbst traf ich einen mir unbekannten Mann.

Derselbe erklärte, er sei der Handlungsreisende Isidor Wolfsthal von Gemünden; auf seiner Tur seien die Pferde des Wagens, in dem er saß, gescheut, und er sei herausgeschleudert und dabei innerlich verletzt worden;

er wolle sein Testament vor mir machen, da er infolge eines Blutsturzes nicht mehr so lange zu leben fürchte, bis ein Notar eintreffe.

Wie ich mich überzeugte, ist auch rc. Wolfsthal schwer verletzt und besteht Gefahr, daß die Errichtung des Testaments vor einem Notar nicht mehr möglich ist; weshalb ich mich zur Testamentsaufnahme bereit erklärte.

Die Gewißheit von der Persönlichkeit des rc. Wolfsthal habe ich mir dadurch verschafft, daß derselbe eine auf seinen Namen lautende Gewerbelegitimationskarte des K. Bezirksamts Haßfurt vom 1. Juli 1903 vorlegte.

Zur Testamentserrichtung zog ich die beiden, mir persönlich bekannten, in jeder Beziehung einwandsfreien Personen

a) den Gütler Balthasar Leykam,
b) den Wirt und Metzger Georg Unfried

beide in Windsberg, zu.

Der Erblasser erklärte mündlich:

„Zu meiner alleinigen Erbin ernenne ich meine Frau Jette Wolfsthal, geborene Hirschmann.

Meinen einzigen Sohn, Isaak Wolfsthal, Handlungslehrling, z. Zt. unbekannten Aufenthalts, setze ich auf den Pflichtteil, da derselbe einen leichtsinnigen Lebenswandel führt.

Dies ist mein freier wohlüberlegter letzter Wille, dem ich nichts mehr beizufügen habe."

Die ganze Verhandlung wurde gepflogen in steter Gegenwart der oben aufgeführten Personen.

Der Erblasser wurde von mir, Bürgermeister, darüber unterrichtet, daß das heutige Testament ungültig würde, wenn er nicht innerhalb drei Monaten, nachdem er wieder im Stande sei, ein Testament vor dem Notar zu errichten, die Testamentserrichtung vor einem Notar wiederhole.

Vor der Unterzeichnung des Protokolls erklärte der Erblasser, daß er, weil seine beiden Hände durch den Sturz aus den Wagen verstaucht wären, nicht schreiben könne.

Das Protokoll wurde vorgelesen, von dem Erblasser genehmigt und von den Zeugen und mir, Bürgermeister, eigenhändig, wie folgt, unterschrieben:

Balthasar Leykam
Georg Unfried
Michael Forster, Bürgermeister.

4.

Weidingshof, den 3. Februar 1904.

Gegenwärtig:

Testament eines Tauben, der Geschriebenes zu lesen vermag.

Lang, Albert, Bürgermeister
Münzel, Georg } als Zeugen.
Sperber, Lorenz }

Heute wurde ich, Bürgermeister Albert Lang in Weidingshof, in das Anwesen Haus-Nr. 16 hier gerufen und habe dortselbst den mir persönlich bekannten

Ökonomen Balthasar Schrödel von hier

angetroffen.

Derselbe sagte, daß er sein Testament vor mir machen wolle, da er sich so elend und schwach fühle, daß er nicht lange mehr leben werde und deshalb auch nicht auf das Kommen eines Notars warten könne.

Wie ich mich auch überzeugte, ist dies wirklich der Fall.

Ich erklärte mich deshalb zur Testamentsaufnahme bereit und zog als Zeugen den mir persönlich bekannten

Taglöhner Georg Münzel, hier und

den mir ebenfalls persönlich bekannten

Boten Lorenz Sperber von hier

bei, gegen deren Verwendung als Zeugen kein Einwand besteht.

Da Balthasar Schrödel so taub war, daß ich mich mit ihm nicht verständigen konnte, befragte ich ihn schriftlich, ob er Geschriebenes zu lesen vermöge. Da er dieses bejahte, legte ich ihm folgende Fragen schriftlich vor, die er mündlich folgendermaßen beantwortete:

„1. Wen wollen Sie zu ihren Erben einsetzen?
Antwort: Meine Frau.

2. Haben Sie keine Kinder?
Antwort: Nein.
3. Haben Sie auch sonst keine näheren Verwandten?
Antwort: Nein.
4. Wollen Sie sonst noch etwas bestimmen?
Antwort: Nein."

Ich habe daraufhin folgende Erklärung aus den letzten Willen des Balthasar Schrödel aufgenommen:

„Ich, Ökonom Balthasar Schrödel in Weidingshof, setze meine Frau Magdalena Schrödel, geborene Meyer, zu meiner alleinigen Erbin ein."

Ich machte den Erblasser ausdrücklich darauf aufmerksam, daß das Testament nur eine zeitlich beschränkte Gültigkeit habe und daß dasselbe seine Kraft verliere, wenn er nicht innerhalb 3 Monaten, nachdem er wieder imstande sei, vor einem Notar ein Testament zu errichten, die Testamentserrichtung vor einem Notar wiederhole.

Die ganze Verhandlung wurde gepflogen in steter Gegenwart der oben aufgeführten Personen.

Balthasar Schrödel ist, wie ich mich aus der mit ihm geführten Unterredung überzeugte, geistig vollkommen zurechnungsfähig.

Das Protokoll wurde dem Erblasser zur Durchsicht vorgelegt.

Das Protokoll wurde von mir, Bürgermeister selbst, vorgelesen, von dem Erblasser genehmigt und zur Bestätigung von diesem, den beiden Zeugen und mir, Bürgermeister selbst, eigenhändig wie folgt, unterschrieben:

Balthasar Schrödel
Georg Münzel
Lorenz Sperber
Albert Lang, Bürgermeister.

5.

Simmelsberg, den 25. Januar 1904.

Gegenwärtig:

Testament eines Tauben, der Geschriebenes nicht zu lesen vermag.

Kampfer, Peter, Bürgermeister
Müller, Johann Georg } als Zeugen.
Otzmann, Margarete }

Heute wurde ich, Bürgermeister Peter Kampfer hier, in die Behausung des Auszüglers Georg Leistner, Haus-Nr. 8 hier, gerufen, und traf dortselbst den mir persönlich bekannten vorgenannten Georg Leistner und die mir ebenfalls persönlich bekannten Personen:

a) den Ökonomen Johann Georg Müller hier
b) die Schuhmacherswittwe Margarete Otzmann, geborene Sommerer hier,

Georg Leistner, der krank im Bette lag, ersuchte um Errichtung seines Testaments, da sein Leiden sich auf einmal verschlimmert habe und er befürchte zu sterben, bevor der Notar käme.

Ich überzeugte mich auch von der Richtigkeit dieser Befürchtung, erklärte mich deshalb zur Aufnahme des Testaments bereit und zog die vorgenannten Johann Georg Müller und Margarete Otzmann als Zeugen bei, da dieselben in jeder Beziehung einwandfrei sind.

Georg Leistner ist taub, und vermag auch Geschriebenes nicht zu lesen.

Ich habe deshalb als Vertrauensperson, die sich mit Georg Leistner zu verständigen vermag, den mir persönlich bekannten

Köbler Franz Weiß hier

zugezogen.

Georg Leistner erklärte als seinen letzten Willen mündlich was folgt:

„Ich bin verwitwet und habe keine näheren Anverwandten.

Was ich hinterlasse, soll deshalb die Gemeinde Simmelsberg erhalten; dieselbe soll aber meinen Nachlaß vor allem zur Errichtung eines Gemeindehauses verwenden, und auch mein Grab schön in Ordnung halten.

Dem bei mir lange bedienstet gewesenen Knecht

Johann Maul in Ödhof

vermache ich:

300 Mark

und meine silberne Taschenuhr."

Der Erblasser hat meiner Überzeugung nach die Vertrauensperson verstanden.

Georg Leistner wurde von mir mit Hilfe der Vertrauensperson belehrt, daß das Testament seine Kraft verliert, wenn er nicht innerhalb 3 Monaten, nach dem er wieder imstande sei, vor einem Notar ein Testament zu machen, die Testamentserrichtung vor einem Notar wiederhole.

Die ganze Verhandlung wurde gepflogen in steter Gegenwart der oben aufgeführten Personen.

Das Protokoll wurde von mir, Bürgermeister selbst, vorgelesen, von dem Erblasser genehmigt und von den Zeugen, der Vertrauensperson und mir, Bürgermeister selbst, welche Personen alle während der Verhandlung zugegen waren, eigenhändig, wie folgt, unterschrieben:

Georg Leistner
Franz Weiß
Johann Georg Müller
Margareta Otzmann
Peter Kampfer, Bürgermeister.

6.

Bernhof, den 28. Februar 1904.

Testament eines am Sprechen Verhinderten (Stummen).

Gegenwärtig:
Sommerer, Nikolaus, Bürgermeister
Pfister, Lorenz, Bauer } als Zeugen.
Lang, Michael, Ziegler

Heute wurde ich, Bürgermeister Nikolaus Sommerer in Bernhof, zu dem Gütler Michael Stenzinger hier gerufen und traf denselben in seinem Anwesen Haus-Nr. 1 krank vor.

Michael Stenzinger, der, wie ich mich überzeugte, infolge eines Schlaganfalls am Sprechen verhindert ist, gab mir durch Zeichen zu verstehen, daß er sein Testament machen wolle.

Da Stenzinger, wie ich mich ebenfalls überzeugte, offenbar sehr schwer krank ist und das Eintreffen eines Notars nicht mehr erlebt, habe ich mich zur Testamentsaufnahme bereit erklärt und die mir persönlich bekannten und einwandsfreien

Lorenz Pfister, Bauer hier und
Michael Lang, Ziegler hier

als Zeugen beigezogen.

Michael Stenzinger übergab mir eine offene Schrift und schrieb eigenhändig auf ein besonderes Blatt:

„Die von mir heute dem Bürgermeister übergebene Schrift enthält meinen letzten Willen.

Michael Stenzinger."

Ich machte den Erblasser ausdrücklich darauf aufmerksam, daß das Testament seine Gültigkeit verliere, wenn er nicht innerhalb 3 Monaten, nachdem er wieder imstande sei, vor einem Notar ein Testament zu errichten, die Testamentserrichtung vor einem Notar wiederhole.

Die ganze Verhandlung wurde gepflogen in steter Gegenwart der obaufgeführten Personen.

Das Protokoll wurde von mir, Bürgermeister selbst, vorgelesen und von dem Erblasser, den Zeugen und mir, Bürgermeister selbst, eigenhändig, wie folgt, unterschrieben:

Michael Stenzinger
Lorenz Pfister
Michael Lang
Nikolaus Sommerer, Bürgermeister.

7.

Audorf, den 21. April 1904.

Gegenwärtig:
Britting, Johann, Bürgermeister
Kalb, Georg, Müller } als Zeugen.
Müller, Paul, Taglöhner } als Zeugen.

Testament seitens Ehegatten, die auch der deutschen Sprach nicht mächtig sind.

Heute wurde mir, Bürgermeister Johann Britting in Audorf, mitgeteilt, daß bei der zu unserer Gemeinde gehörigen Schleifmühle ein Automobilunfall passiert sei und einer der Insassen, der schwer verletzt wurde, sein Testament vor mir machen wolle.

Ich begab mich daraufhin auf die Schleifmühle und traf dort die Insassen des Automobils, ein Fabrikantenehepaar Namens Gaston und Jaqueline Mathurin aus Bordeaux.

Der Mann war, wie ich mich überzeugte, sehr schwer verletzt, und es war zu befürchten, daß er das Eintreffen eines Notars nicht mehr erleben würde.

Ich erklärte mich deshalb zur Testamentsaufnahme bereit und zog als Zeugen die mir persönlich bekannten und einwandsfreien

Kalb, Georg, Müller,
Müller, Paul, Taglöhner

beide auf der Schleifmühle, zu.

Von der Persönlichkeit des Ehepaares Mathurin habe ich mir auf Grund eines auf ihren Namen lautenden Reisepasses sowie verschiedener auf ihren Namen adressierten Briefe, die sie mir vorwiesen, Gewißheit verschafft.

Das Ehepaar Mathurin erklärte, daß es der deutschen Sprache nicht mächtig sei.

Ich habe deshalb als Dolmetscher die mir persönlich bekannte, zur Zeit hier in der Sommerfrische weilende Gouvernante

Marie Mittenzweig

zugezogen.

Da Marie Mittenzweig als Dolmetscherin noch nicht vereidigt ist, so vereidigte ich sie dahin:

„daß sie treu und gewissenhaft übertragen werde."

Mit Hilfe der Dolmetscherin wurde sodann folgendes festgestellt:

Die Fabrikanteneheleute Gaston und Jaqueline Mathurin aus Bordeaux erklärten:

„Wir setzen uns gegenseitig zu Erben ein.
Kinder haben wir keine.
Sonst haben wir nichts zu bestimmen."

Das Protokoll wurde von der Dolmetscherin ins Französische übersetzt.

Die Übersetzung ist dem Protokoll als Anlage beigefügt.

Die Erblasser wurden mit Hilfe des Dolmetschers darüber belehrt, daß dieses Testament als nicht errichtet gelte, wenn drei Monate verstrichen seien und sie noch lebten; daß aber Beginn und Lauf gehemmt seien, so lange sie außerstande wären, ein ordentliches öffentliches Testament zu errichten.

Die ganze Verhandlung wurde gepflogen in steter Gegenwart der oben aufgeführten Personen.

Herr Gaston Mathurin ist, wie ich mich überzeugte, der Bedeutung und Tragweite der Testamentsverhandlung bewußt.

Die Übersetzung wurde von der Dolmetscherin vorgelesen und von den Erblassern genehmigt.

Das Protokoll wurde von mir, Bürgermeister selbst, vorgelesen, von den Erblassern genehmigt und von diesen, den Zeugen, der Dolmetscherin und mir, Bürgermeister selbst, eigenhändig, wie folgt, unterschrieben.

Gaston Mathurin
Jaqueline Mathurin
Georg Kalb
Paul Müller
Marie Mittenzweig
Johann Britting, Bürgermeister.

D.

Anhang.

Die auf das Dorftestament bezüglichen Bestimmungen des Bürgerlichen Gesetzbuches.

§ 2249.

Voraussetzungen des Dorftestaments.

Ist zu besorgen, daß der Erblasser früher sterben werde, als die Errichtung eines Testaments vor einem Richter oder vor einem Notar möglich ist, so kann er das Testament vor dem Vorsteher der Gemeinde, in der er sich aufhält, oder, falls er sich in dem Bereich eines durch Landesgesetz einer Gemeinde gleichgestellten Verbandes oder Gutsbezirkes aufhält, vor dem Vorsteher dieses Verbandes oder Bezirkes errichten. Der Vorsteher muß zwei Zeugen zuziehen. Die Vorschriften der §§ 2234 bis 2246 finden Anwendung; der Vorsteher tritt an die Stelle des Richters oder des Notars.

Die Besorgnis, daß die Errichtung eines Testaments vor einem Richter oder vor einem Notar nicht mehr möglich sein werde, muß im Protokolle festgestellt werden. Der Gültigkeit des Testaments steht nicht entgegen, daß die Besorgnis nicht begründet war.

§ 2250 Abs. 1.

Wer sich an einem Orte aufhält, der infolge des Ausbruchs einer Krankheit oder infolge sonstiger außerordentlicher Umstände dergestalt abgesperrt ist, daß die Errichtung eines Testaments vor einem Richter oder vor einem Notar nicht möglich oder erheblich erschwert ist, kann das Testament in der durch den § 2249 Absatz 1 bestimmten Form oder durch mündliche Erklärung vor drei Zeugen errichten.

§ 2266.

Ein gemeinschaftliches Testament kann nach § 2249 auch dann errichtet werden, wenn die Vorraussetzung des § 2249 nur auf Seiten eines der Ehegatten vorliegt. Gemeinschaftliches Dorftestament.

§ 2234.

Als Richter, Notar, Gerichtsschreiber oder Zeuge kann bei der Errichtung des Testaments nicht mitwirken: Von der „Mitwirkung" bei der Testamentserrichtung ausgeschlossene Personen.

1. Der Ehegatte des Erblassers, auch wenn die Ehe nicht mehr besteht;

2. wer mit dem Erblasser in gerader Linie oder im zweiten Grade der Seitenlinie verwandt oder verschwägert ist.

§ 2235.

Als Richter, Notar, Gerichtsschreiber oder Zeuge kann bei der Errichtung des Testaments nicht mitwirken, wer in dem Testament bedacht wird oder wer zu einem Bedachten in einem Verhältnisse der im § 2234 bezeichneten Art steht.

Die Mitwirkung einer hiernach ausgeschlossenen Person hat nur zur Folge, daß die Zuwendung an den Bedachten nichtig ist.

§ 2236.

Als Gerichtsschreiber oder zweiter Notar oder Zeuge kann bei der Errichtung des Testaments nicht mitwirken, wer zu dem Richter oder dem beurkundenden Notar in einem Verhältnisse der im § 2234 bezeichneten Art steht.

§ 2237.

Als Zeuge soll bei der Errichtung des Testaments nicht mitwirken:

1. ein Minderjähriger;

2. wer der bürgerlichen Ehrenrechte für verlustig erklärt ist, während der Zeit, für welche die Aberkennung der Ehrenrechte erfolgt ist;

3. wer nach den Vorschriften der Strafgesetze unfähig ist, als Zeuge eidlich vernommen zu werden;

4. wer als Gesinde oder Gehilfe im Dienste des Richters oder des beurkundenden Notars steht.

§ 2238.

Errichtungsart des Testaments.

Die Errichtung des Testaments erfolgt in der Weise, daß der Erblasser dem Richter oder dem Notar seinen letzten Willen mündlich erklärt oder eine Schrift mit der mündlichen Erklärung übergibt, daß die Schrift seinen letzten Willen enthalte. Die Schrift kann offen oder verschlossen übergeben werden. Sie kann von dem Erblasser oder von einer anderen Person geschrieben sein.

Wer minderjährig ist oder Geschriebenes nicht zu lesen vermag, kann das Testament nur durch mündliche Erklärung errichten.

§ 2239.

Die bei der Errichtung des Testaments mitwirkenden Personen müssen während der ganzen Verhandlung zugegen sein.

Gegenwart der mitwirkenden Personen.

§ 2240.

Über die Errichtung des Testaments muß ein Protokoll in deutscher Sprache aufgenommen werden.

Notwendigkeit des Protokolls.

§ 2241.

Das Protokoll muß enthalten:

Inhalt des Protokolls.

1. Ort und Tag der Verhandlung;

2. die Bezeichnung des Erblassers und der bei der Verhandlung mitwirkenden Personen;

3. die nach § 2238 erforderlichen Erklärungen des Erblassers und im Falle der Übergabe einer Schrift die Feststellung der Übergabe.

§ 2242.

Das Protokoll muß vorgelesen, von dem Erblasser genehmigt und von ihm eigenhändig unterschrieben werden. Im Protokolle muß festgestellt werden, daß dies geschehen ist. Das Protokoll soll dem Erblasser auf Verlangen auch zur Durchsicht vorgelegt werden.

Vorlesung, Genehmigung und Unterzeichnung des Protokolls.

Erklärt der Erblasser, daß er nicht schreiben könne, so wird seine Unterschrift durch die Feststellung dieser Erklärung im Protoll ersetzt. Das Protokoll muß von den mitwirkenden Personen unterschrieben werden.

§ 2243.

Testaments-errichtung seitens eines Stummen.

Wer nach der Überzeugung des Richters oder des Notars stumm oder sonst am Sprechen verhindert ist, kann das Testament nur durch Übergabe einer Schrift errichten. Er muß die Erklärung, daß die Schrift seinen letzten Willen enthalte, bei der Verhandlung eigenhändig in das Protokoll oder auf ein besonderes Blatt schreiben, das dem Protokoll als Anlage beigefügt werden muß.

Das eigenhändige Niederschreiben der Erklärung, sowie die Überzeugung des Richters oder des Notars, daß der Erblasser am Sprechen verhindert ist, muß im Protokolle festgestellt werden. Das Protokoll braucht von dem Erblasser nicht besonders genehmigt zu werden.

§ 2244.

Testaments-errichtung seitens eines Sprachfremden.

Erklärt der Erblasser, daß er der deutschen Sprache nicht mächtig sei, so muß bei der Errichtung des Testaments ein vereideter Dolmetscher zugezogen werden. Auf den Dolmetscher finden die nach den §§. 2234 bis 2237 für einen Zeugen geltenden Vorschriften entsprechende Anwendung.

Das Protokoll muß in die Sprache, in der sich der Erblasser erklärt, übersetzt werden. Die Übersetzung muß von dem Dolmetscher angefertigt oder beglaubigt und vorgelesen werden; die Übersetzung muß dem Protokoll als Anlage beigefügt werden.

Das Protokoll muß die Erklärung des Erblassers, daß er der deutschen Sprache nicht mächtig sei, sowie den Namen des Dolmetschers und die Feststellung enthalten, daß der Dolmetscher die Übersetzung angefertigt oder beglaubigt und sie vorgelesen hat. Der Dolmetscher muß das Protokoll unterschreiben.

§ 2245.

Sind sämtliche mitwirkende Personen ihrer Versicherung nach der Sprache, in der sich der Erblasser erklärt, mächtig, so ist die Zuziehung eines Dolmetschers nicht erforderlich.

Unterbleibt die Zuziehung eines Dolmetschers, so muß das Protokoll in der fremden Sprache aufgenommen werden und die Erklärung des Erblassers, daß er der deutschen Sprache nicht mächtig sei, sowie die Versicherung der mitwirkenden Personen, daß sie der fremden Sprache mächtig seien, enthalten. Eine deutsche Übersetzung soll als Anlage beigefügt werden.

§ 2246.

Behandlung des Protokolls.

Das über die Errichtung des Testaments aufgenommene Protokoll soll nebst Anlagen, insbesondere im Falle der Errichtung durch Übergabe einer Schrift nebst dieser Schrift, von dem Richter oder dem Notar in Gegenwart der übrigen mitwirkenden Personen und des Erblassers mit dem Amtssiegel verschlossen, mit einer das Testament näher bezeichnenden Aufschrift, die von dem Richter oder dem Notar zu unterschreiben ist, versehen und in besondere amtliche Verwahrung gebracht werden.

Dem Erblasser soll über das in amtliche Verwahrung genommene Testament ein Hinterlegungsschein erteilt werden.

§ 2252.

Gültigkeitsdauer des Protokolls.

Ein nach § 2249, § 2250 .... errichtetes Testament gilt als nicht errichtet, wenn seit der Errichtung drei Monate verstrichen sind und der Erblasser noch lebt.

Beginn und Lauf der Frist sind gehemmt, solange der Erblasser außerstande ist, ein Testament vor einem Richter oder vor einem Notar zu errichten.

Alphabetisches Sachregister.

(Die Zahlen bedeuten die Seiten.)

FSC
www.fsc.org
MIX
Papier | Fördert gute Waldnutzung
FSC® C083411

Kolibri 360 GmbH
Ferdinand-Jühlke-Straße 7
99095 Erfurt, Deutschland
produktsicherheit@kolibri360.de